Sabine Lohf • Regina Bestle-Körfer • Annemarie Stollenwerk

Komm, wir entdecken die Welt

Mit Kindern aktiv sein:

forschen, entdecken, basteln, spielen

Kösel

Inhalt

Vorwort

Wie Kinder die Welt erforschen

Kinder sind Entdecker. Und die Welt ist spannend, bunt und voller Geheimnisse, die entdeckt werden wollen. Erwachsene können sich kaum vorstellen, wie viel Kinder über sich und die Welt erfahren möchten! Staunend, aufgeschlossen und ohne Vorbehalte gehen sie mit all ihren Sinnen auf Erkundungsreise: Schon Säuglinge machen sich mit Hilfe ihrer Zunge und mit beinah unermüdlich tastenden Händen einen Begriff von ihrer kleinen Welt, z.B. von den eigenen Fingern, einem bunten Ball oder der Rassel.

Mit fortschreitendem Alter beginnen Kinder – aufbauend auf unmittelbaren Sinneserfahrungen –, viel zu fragen. Ganz typisch für diese Entwicklungsphase sind die Fragen nach dem »Warum?«: Warum gibt es ein Gewitter? Warum ist der Regenbogen bunt? Warum sind Schnecken so schleimig? Warum verlieren Tannen ihre Nadeln nicht? Warum wird im Farbkasten aus den vermischten Farben Blau und Gelb die Farbe Grün? Mit ihren Fragen und in ihrer Suche nach Lösungsansätzen möchten Kinder wahr- und ernst genommen werden. Durch spielerisches Ausprobieren, beispielsweise beim Mischen von Farben, und entdeckendes Beobachten und Lernen in ihrer direkten Lebenswelt erfahren die Kinder Grundlegendes über Naturphänomene, physikalische Gesetzmäßigkeiten und über das Leben von Menschen, Pflanzen und Tieren. Dazu brauchen sie jedoch Erwachsene, die ihnen immer wieder Gelegenheiten bieten, selbst aktiv zu werden.

Spielen im Freien, Spaziergänge und Ausflüge tragen dem Bewegungsdrang, der Abenteuerlust und der Entdeckerfreude von Kindern Rechnung, denn sie bieten Anlass für vielfältige sinnliche und körperliche Erfahrungen. In Bewegung, bei Wind, Sonne und Regen, in Wiese, Wald, Gebirge oder am Strand öffnen sich den Kindern neue Welten, die sie mit Begeisterung in Besitz nehmen. Kinder brauchen heute mehr denn je Herausforderungen an ihr eigenes Fühlen, Denken und Handeln, denn oft verdrängen künstliche Bilder und virtuelle Welten die echte, beeindruckende und nachhaltige Begegnung mit der realen Welt: einen Frosch auf der Hand halten, gemeinsam einen Sonnenuntergang erleben, am Wasser spielen, einen Berg besteigen ...

In einer Atmosphäre von Offenheit und echtem Interesse lassen sich Kinder auf die Geheimnisse der Welt mit großem Ernst ein. Um ihre Neugier weiter anzuregen, braucht es Erwachsene, die Wissen vermitteln können und selbst noch dazulernen wollen. Das Zusammensein mit Gleichaltrigen ermutigt und befähigt Kinder gleichermaßen, in die Welt hinauszugehen, das Abenteuer vor der Tür zu suchen, Fantasie und Kreativität spielen zu lassen und damit einen reichen Erfahrungsschatz zu sammeln. Denn ohne Mitspieler und Zuhörer und ohne Ermutigung bleiben gedankliche und reale »Forschungsreisen« auf der Strecke.

In diesem Sinne möchte unser Buch die Neugier und den Entdeckergeist von Kindern anregen und sie auf eine spannende, vielseitige Reise zu den Geheimnissen der Welt mitnehmen.

Unser blauer Planet

Rätsel

Sie dreht sich leise
mit viel Schwung,
immer um sich selbst herum.
Im weiten All,
ein blauer Ball.
(Die Erde)

(Regina Bestle-Körfer)

Unsere Erde

Man braucht:

- 1 Styroporkugel
- 1 Holzrest
- Nagel und Hammer
- Zahnstocher
- Bunt- und Goldpapier
- Farben und Pinsel

Einen dicken Nagel in das Holzstück schlagen, darauf die Styroporkugel stecken. Die Kugel wie einen Erdball in blauen, grünen und bräunlichen Farben anmalen. Aus gelbem Papier Sonne und Mond ausschneiden. Der Sonne Strahlen aus Goldpapier ankleben. Sonne und Mond auf Zahnstocher kleben und in dem Erdball feststecken.

Mit dem Raumschiff zur Erde

Die Weltraumforscher haben das All erforscht und sind mit ihrem Raumschiff auf dem Weg zurück zur Erde. Aus der Ferne des Weltraums betrachten sie die Erde. Sie sieht aus wie ein blauer Ball mit farbigen Flecken.

Für dieses Bewegungsspiel befindet sich in der Mitte ein großer Reifen, der die Erde darstellt. Er wird verziert mit blauen Tüchern für die Meere, weißem Stoff für Nord- und Südpol, gelben Tüchern für die Sandwüsten, braunem und grünem Stoff für die Erd- und Grünflächen, grauem Stoff für die steinigen Berge. Die Kinder schweben zu einer galaktischen Musik mit ihrem Raumschiff um den Blauen Planeten. Wenn die Musik aussetzt, wird eine Farbe ausgerufen und die Kinder setzen sie in Bewegung um:

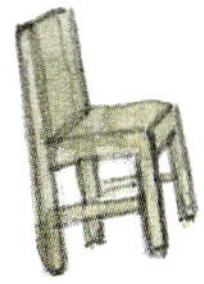

Blau – Schwimmbewegungen machen

Grau – auf einen Stuhl oder eine Bank steigen

Grün – wie ein Frosch hüpfen

Weiß – tapsen wie ein Eisbär im Vierfüßlerstand

Gelb – ein Kamel nimmt einen Reiter auf den Rücken

Braun – wie ein Regenwurm auf dem Bauch über den Boden kriechen

Im Gebirge

Hörnerhakeln

Hoch oben im Gebirge lebt zwischen Felsen, niedrigen Sträuchern und bunten Wiesenblumen ein Rudel Gämsen. Selbst in schwindelnder Höhe springen sie geschickt und schnell über steinige Vorsprünge. Ihre kleinen kräftigen Hörner benutzen sie zur Verteidigung ihres Reviers und zum Spielen mit ihren Artgenossen.

Mit Kreide oder Seilen wird ein kleines Spielfeld markiert. Dann bilden die Kinder Paare. Sie knien sich im Vierfüßlerstand auf den Boden. Wie die Gämsen hakeln sie nun mit ihren Hörnern. Dazu versuchen sie, ein großes Kissen, das sie zwischen sich legen, nur mit dem Kopf aus dem Spielfeld zu schieben. Wem das als Erstes gelingt, darf sich einen neuen Partner zum Hörnerhakeln aussuchen.

Steinbock

Man braucht:

- Steine
- Knete
- Pappe

Passende Steine werden zu einem Tierkörper zusammengelegt und später aufgeklebt. Hörner und Beine aus Knete formen. Wer mag, kann den Steinbock auf eine gemalte Gebirgslandschaft kleben.

Warnende Pfiffe

Das Murmeltier warnt seine Artgenossen mit lautem Pfeifen vor Füchsen, Raben oder dem gewaltigen Steinadler. Blitzschnell verschwinden die kleinen Nager dann in ihrem Bau.

In der Mitte eines großen Spielfelds befindet sich der Murmeltierbau – ein Reifen oder ein zum Kreis gelegtes Seil. Dort steht der Murmeltierwächter mit einer Trillerpfeife. Er hält Wache über die Murmeltiere, die im Spielfeld herumtollen. Um das Spielfeld herum fliegt ein Adler mit weit ausgebreiteten Schwingen. Sobald er das Spielfeld betritt, pfeift der Murmeltierwächter auf seiner Trillerpfeife und alle Murmeltiere versuchen, sich in den Bau zu retten, ohne vom Adler gefangen zu werden. Wenn es dem Adler gelingt, ein Murmeltier zu fangen, tauschen die beiden Kinder ihre Rollen.

Zünftige Skifahrer

Man braucht:
- Klorollen
- Holzstäbchen
- Farben
- Krepppapier
- Klebstoff

Zuerst die Klorollen anmalen. Dann die Skier aus Tonkarton ausschneiden und unter die Klorollen kleben. Arme aus Tonkarton ausschneiden und seitlich an den Skifahrern festkleben. Mützen aus Krepppapier ausschneiden und am Kopf festkleben. Kleine Kreise aus Tonkarton ausschneiden und durch die Holzstäbchen stecken. Die Skistöcke an den Armen der Skifahrer befestigen.

Am Muschelstrand

Rätsel

Der Muschelkönig Balduin
und seine Muschelkönigin,
die leben am windigen Nordseestrand
in einem Muschelpalast aus Sand.
„Das Leben ist herrlich hier am Strand",
ruft Balduin im Muschelgewand.
Doch nach sechs Stunden ist's vorbei
mit Balduins Strandträumerei.
Traurig ziehen sie nun aus
aus ihrem schönen Muschelhaus.
Sag, wer steht plötzlich da und raubt
alles, was aus Sand gebaut?
(Die Flut)

(Regina Bestle-Körfer)

Muschelpalast

Damit der Muschelkönig Balduin und seine Muschelkönigin nicht traurig sind, bauen die Kinder einen Muschelpalast aus Sand, den sie mit gesammelten Muscheln rundum verzieren. Jetzt kann der Muschelkönig Balduin das königliche Leben mit seiner Muschelkönigin wieder richtig genießen.

Wer wird Herzmuschelkönig/in

Die kleinen hellgrau gerippten Herzmuscheln gibt es in reicher Zahl an Nord- und Ostsee. Betrachtet man diese Muschel, deren Muschelhälften noch miteinander verbunden sind, von der Seite, lässt sich die Form eines Herzens erkennen: Daher hat die Herzmuschel ihren Namen bekommen.

Die Kinder sammeln Herzmuscheln. Zu Beginn des Spiels wird mit einem Stock ein großer Kreis in den Sand gezogen, um den sich alle Kinder versammeln. In die Mitte des Kreises wird ein Herz aus Muscheln gelegt. Die Kinder versuchen nun, abwechselnd eine Muschel in das Muschelherz im Sand zu werfen. Wer als Erster ins Muschelherz getroffen hat, darf sich alle bisher geworfenen Muscheln nehmen und es startet eine neue Muschelwurfrunde. Wer zielt am geschicktesten und wird Herzmuschelkönig/in?

Allerlei aus Muscheln

Man braucht:
- viele verschiedene Muscheln
- Seetang
- Stöckchen, Rinde
- weitere Fundstücke

Mit Muscheln lassen sich nicht nur Sandburgen verzieren, sondern auch Bilder legen. Entweder direkt in den Sand oder auf einem Bogen Papier. Der Muschelkönig mit seinem Seetang- Krokodil liegt direkt am Strand und wird vielleicht von der nächsten Flut weggespült.

Wie wird das Wetter?

Wetterfrösche

Die alten Wetterregeln der Bauern beruhen auf eigenen Erfahrungen im Leben mit der Natur. Die Tiere gaben den Bauern verlässliche Hinweise auf anstehende Wetterveränderungen. Aber wer weiß heute noch, dass Hühner, die hochfliegen, für schönes Wetter stehen und Hühner, die ihre Schwänze hängen lassen, baldigen Regen voraussagen? Oder dass Schafe, die auf der Weide mit den Köpfen eng zusammenstehen, ein nahendes Gewitter fürchten? Haustiere, Krabbeltiere und Tiere auf dem Bauernhof beobachten und alte Wetterregeln überprüfen – da kommen Naturforscher und Wetterfrösche auf ihre Kosten.

- Fressen die Hunde Gras, wird es heut' noch nass.
- Wenn der Hahn vor Mitternacht schreit, ist Landregen nicht weit.
- Wenn die Gänse stehen auf einem Fuß, kommt bald ein Regenguss.
- Wenn der Frosch im Wasser versinkt, kommen Wind und Regen bestimmt.
- Hörst du tags die Eule schreien, wird's bald grau und trübe sein.
- Wenn Mücken heute tanzend spielen, sie das morgige gut' Wetter fühlen.
- Wenn die Spinne ihr Netz zerreißt, kommt schlechtes Wetter allermeist.

Frau Holle

Man braucht:

- Klorolle
- Watte
- Farben
- Wattekugel
- Schachtel
- Stoffreste
- Klebstoff
- Buntpapier

Mit dem Messer eine Fensteröffnung in die Schachtel schneiden und dann bemalen. Frau Holle aus der Klorolle und der Wattekugel basteln. Arme aus Buntpapier ankleben. Frau Holle in das Fenster stellen und ein Kissen aus Stoffresten an den Armen festkleben. Kleine Watteflöckchen am Kissen festnähen.

Frau Holles Wolkenkunde

Je weißer die Schäfchen am Himmel gehn,
je länger bleibt das Wetter schön!

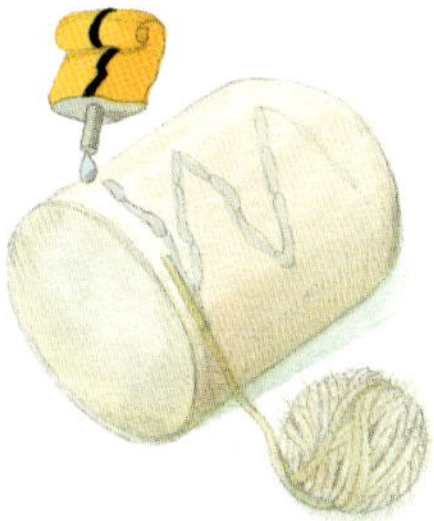

Wenn Frau Holle im Märchen die Kissen ausschüttelt, fallen Schneeflocken auf die Erde. Frau Holles Betten werden aber nicht immer nur mit Schneeflockenkissen gemacht. Sie verwahrt außerdem graue Regenwolkenkissen in ihrem Bettkasten auf und für besonders schöne Tage holt sie die weißen Schäfchenwolkenkissen zum Ausschütteln heraus.

Ein Kind spielt Frau Holle und steht mit einem großen Kissenbezug vor den anderen Kindern. In dem Kissenbezug stecken eine graue Regenwolke, eine Schneewolke und weiße Schäfchenwolken auf blauem Hintergrund. Zieht Frau Holle die Regenwolke aus dem Kissen, laufen alle Kinder zu einem Reifen am anderen Ende des Raums, in dem ein Regenschirm liegt. Kommt die Schneewolke zum Vorschein, rennen die Kinder zum Reifen mit den Handschuhen und zieht Frau Holle die Schönwetterschäfchenwolke aus dem Kissen, flitzen sie zum Reifen mit der Sonnenmilch. Das Kind, das den betreffenden Reifen als letztes erreicht, scheidet aus. Wer bis zuletzt übrig bleibt, darf als nächstes Frau Holle sein.

Schäfchen

Man braucht:

- Wolle (weiß und rosa)
- Klorollen
- etwas Filz
- Klebstoff

Aus der rosafarbenen Wolle ein Knäuel wickeln, das in die Klorolle passt und noch etwas herausschaut. Die Rolle mit der weißen Wolle umwickeln. Perlenaugen und eine kleine Zunge aus Filz ankleben.

Gewitter

Gewitterspringen

Tropf und Trini, zwei kleine Wassertropfen, wollen sich im Wolkenhimmelbett ein wenig ausruhen. Doch viele Wassertropfenfreunde sind unerwartet zu Besuch gekommen und möchten eine Gewitterparty feiern. Sie springen wild umher und das Wolkenhimmelbett droht zu platzen. Die Blitzhexe schickt einen Blitz in die wilde Wolke und alle Wassertropfen fallen auf die Erde.

Für dieses Gewitterspiel liegen mehrere weiche Matten auf dem Boden verteilt. Immer zwei Kinder stellen sich auf eine Matte, nehmen sich an die Hand und spielen Gewitterspringen. Ein weiteres Kind spielt die Blitzhexe. Mit einer Taschenlampe läuft es im abgedunkelten Raum umher. Immer wenn die Blitzhexe einen Strahl aus der Taschenlampe schickt, klatschen alle Kinder in die Hände, springen von der Matte auf den Boden und suchen sich einen neuen Wassertropfenfreund auf einer neuen Matte. Auch die Blitzhexe sucht sich so schnell wie möglich eine freie Matte und ein Kind zum Gewitterspringen. Das Kind, das übrig bleibt, bekommt die Taschenlampe und ist die neue Blitzhexe.

Wetterdrehscheibe

Man braucht:
- 2 Bierdeckel
- Zeichenpapier
- Briefklammer
- Malstifte
- Klebstoff
- Papiermesser

Zwei Kreise aus Zeichenpapier ausschneiden, genau so groß wie die beiden Bierdeckel. Die Kreise auf die Bierdeckel kleben und den einen Kreis mit Wettersymbolen bemalen. Aus dem anderen Kreis einen Viertelkreis herausschneiden, durch die Mittelpunkte der Kreise je ein Loch pieksen und dann die Kreise mit einer Briefklammer zusammenstecken.

Gewitterhexe

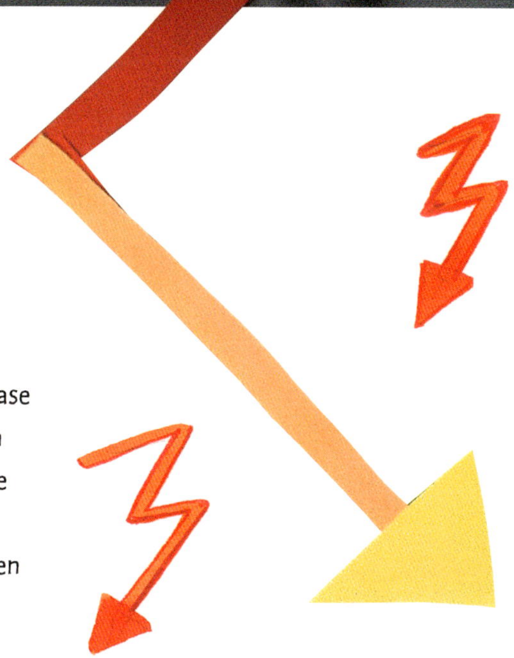

Man braucht:

- Klorolle
- Tonkarton
- Stoffreste
- Faden
- Wattekugel
- Knete
- Watte oder Wolle
- Klebstoff

Die Wattekugel in der Klorolle befestigen. Aus Knete eine Nase formen und an der Klorolle festkleben. Aus Tonkarton einen Blitz ausschneiden und an die Klorolle kleben. Jetzt die Hexe mit Stoffresten anziehen, die Haare festkleben und ein Kopftuch darüber binden. Am Rücken der Hexe wird ein Faden zum Aufhängen befestigt.

Gewittertanz

Eine Gewittermusik spielt und alle Wassertropfenkinder tanzen wild und ausgelassen in der Wolke einen Gewittertanz. Die Wolke wird sehr heiß und dehnt sich aus. Wenn die Blitzhexe die Musik aussetzt, fliegen alle Wassertropfenkinder so schnell wie möglich auf die Erde. Das Kind, das zuerst die Erde (z.B. eine Matte oder Turnbank) erreicht hat, darf die nächste Blitzhexe sein.

Feuerspuckende Berge

Der Drache Balthasar

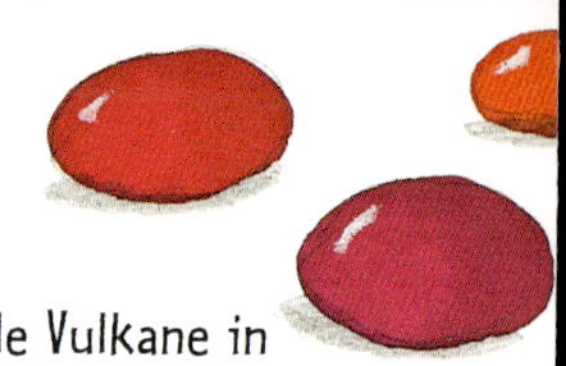

Der Drache Balthasar hat sich in Vulkanien verlaufen, denn alle Vulkane in Vulkanien sehen von außen gleich aus. Viele dunkle, trichterförmige Berge türmen sich vor Balthasar auf. Doch welcher Vulkan ist sein eigener Vulkan? Um das herauszufinden, greift Balthasar in jeden Vulkan hinein und sucht seinen eigenen, unverwechselbaren Feuerstein.

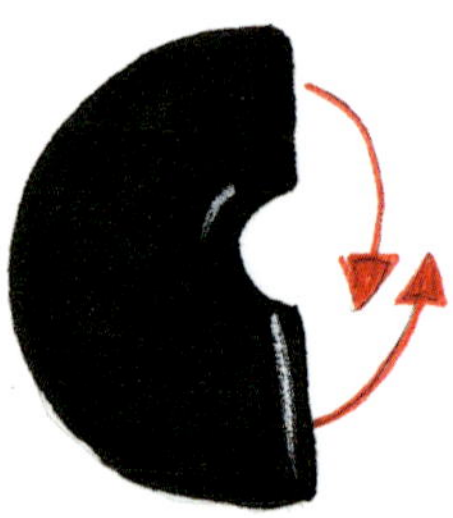

Jedes Kind sucht sich draußen einen besonders geformten Stein, den es feuerrot anmalt. Es betrachtet und befühlt seinen Stein von allen Seiten und prägt sich seine Form ein, um ihn auch mit geschlossenen Augen wiederzuerkennen. Auf dem Boden stehen drei Eimer, in die immer drei Kinder ihre Feuersteine hineinlegen. Die Eimer werden mit Tüchern zugedeckt und vertauscht, bis keiner mehr weiß, in welchem Eimer sich sein Feuerstein befindet. Finden die Kinder ihren Feuerstein nur durch Tasten wieder?

Vulkan

Man braucht:

- schwarzen Tonkarton
- Klebstoff, Schere
- Wunderkerzen
- rote und gelbe Binderfarbe
- Büroklammer
- 1 Glas oder leere Flasche

Aus Tonkarton einen Halbkreis ausschneiden. Daraus nochmal einen kleineren Halbkreis ausschneiden und zu einem Kegel zusammenkleben. Gelbe und rote Farbe vom „Kraterrand" über den Vulkankegel fließen lassen. Nachdem die Farbe getrocknet ist, ein Glas mit Wunderkerzen in den Vulkan stellen. Soll der Vulkan ausbrechen, werden die Wunderkerzen angezündet. Aufpassen, dass der Vulkanrand nicht anbrennt!

Feuerdrache

Man braucht:
- 1 leere Milchtüte
- Teelichter
- Schere
- Klebstoff
- Buntpapier
- rotes Transparentpapier
- Farben

In eine Längsseite der Milchtüte ein Fenster schneiden. Von oben ebenfalls ein größeres Loch in die Tüte schneiden. Alles rot bemalen oder bekleben. Das Fenster von innen mit rotem Transparentpapier bekleben. Schwanz, Füße und Flügel ausschneiden und an den Drachen kleben. Den Drachen von innen mit den Teelichtern beleuchten.

Achtung, Feuersteine!

In Vulkanien brechen einmal im Jahr alle Vulkane gleichzeitig aus. An diesem Tag haben die Drachenfamilien Aufräumtag. Sie spucken Feuer- und Vulkansteine aus ihren Vulkanen hinaus. Dabei kann es passieren, dass sich die Drachenfamilien gegenseitig die Feuersteine in die Vulkane werfen. Das gibt ein richtig vulkanisches Durcheinander!

Auf einem Spielfeld, das in der Mitte durch ein Netz oder ein Seil halbiert ist, liegen zu Beginn des Spiels die gleiche Anzahl feuerrote und orangefarbene Luftballons. Jede Spielfeldseite gehört einer Kindergruppe als Drachenfamilie. Auf ein Startzeichen versuchen sie, die Luftballons aus ihrem Spielfeld loszuwerden und der gegnerischen Mannschaft ins Feld zu werfen, zu stoßen, zu pusten usw. Welche Drachenfamilie hat ihren Vulkan nach dem Schlusspfiff am besten aufgeräumt?

In der Tropfsteinhöhle

Wunderbare Tropfsteine

Tief im Berg, in einer geheimnisvollen Welt von Höhlen und Gängen lebt der Riese Magnus mit seiner Familie. Im größten Raum der Höhle, wo beständig Wasser von der Decke tropft, sind in Tausenden von Jahren sonderbare Figuren an der Decke und auf dem Boden gewachsen. Zwischen diesen Tropfsteinen spielen die Riesenkinder Mara und Mertin am liebsten. Aus Wasser und Lehm bauen sie sich dort ihre eigene Tropfsteinwelt.

In einem Eimer oder einer Schüssel verrühren die Kinder Sand mit so viel Wasser, dass ein matschiger, tropffähiger Brei entsteht. Diesen Brei lassen sie aus der zur Faust geschlossenen Hand auf den Boden tropfen. Nach und nach setzen sich die Tropfen aufeinander und es entstehen faszinierende Gebilde und Wesen, denen die Kinder Namen geben können.

Zwerg in seiner Tropfsteinhöhle

Man braucht:

- Einmachglas
- Kerzen
- 1 kleinen Zwerg aus Kork

Das Einmachglas wird so lange mit Kerzenwachs beträufelt, bis eine schöne Tropfsteinhöhle entstanden ist. In diese Höhle wird dann ein Zwerg oder eine andere Figur gesetzt.

Lustige Tropfenmusik

In der Tropfsteinhöhle erklingt zauberhafte Musik, wenn die Wassertropfen mal laut, mal leise von der Höhlendecke auf den Boden, auf Steine oder in Pfützen fallen. Für Mara und Mertin ist das Getropfe und Gespritze eine vertraute Schlafmusik.

Die Kinder machen Wassermusik. Mit Hilfe von Pipetten, Plastikspritzen, kleinen Spritzflaschen, Löffeln etc. lassen sie Wassertropfen aus unterschiedlicher Höhe in Gefäße aus Metall oder auf ein Backblech fallen. Sie lauschen, wann die Töne hoch oder tief und wann sie laut oder leise klingen. Vielleicht gelingt es ihnen, eine kleine Schlafmusik für Mara und Mertin zu spielen.

Tropfsteinhöhle auf Papier

Man braucht:
- Packpapier
- Kerzen

Man lässt das Kerzenwachs solange auf einen Bogen Packpapier tropfen, bis eine Höhle entsteht. Man kann in die Mitte der Höhle etwas hineinlegen oder auch etwas hineinmalen.

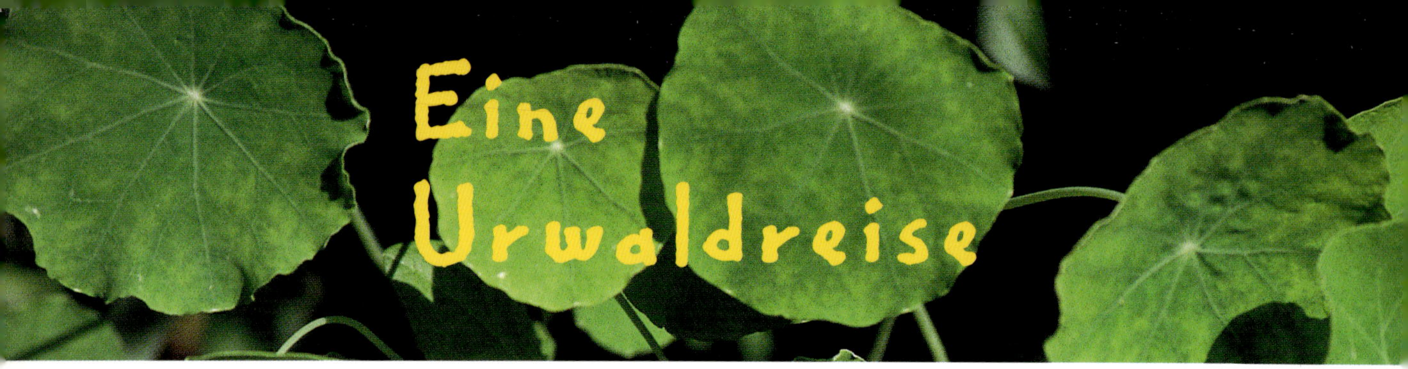

Eine Urwaldreise

Wilde Natur

Der Urwald gehört zu den geheimnisvollsten Naturlandschaften der Erde. Wärme und Feuchtigkeit lassen die Pflanzen dort üppig und in großer Farbenpracht und Formenvielfalt gedeihen. Auf dem Boden und in den verschiedenen Etagen der Urwaldbäume finden große und kleine Lebewesen ideale Lebensbedingungen. Ein Forscherteam hat sich auf den Weg gemacht, um den Urwald zu erkunden.

Im Urwald gibt es viel zu sehn
(Lied zur Melodie: Die Affen rasen durch den Wald)
1. Im Urwald gibt es viel zu sehn
und Abenteuer zu bestehn.
Kommt, lasst uns auf die Reise gehn!
Refrain: Im Urwald ist was los, im Urwald ist was los, da ist den ganzen Tag was los! (2x)

Tiger-Maske

Man braucht:

- Pappe, Cutter
- Pinsel, Farben
- Buntpapier
- Klebstoff
- 1 Holzstab
- Paketklebeband

Die Umrisse eines Tigerkopfes auf Pappe malen und ausschneiden. Mit dem Cutter ein Maul ausschneiden. Den Kopf mit Tigerstreifen bemalen. Aus weißem Papier Zähne ausschneiden und von hinten rings um das Maul kleben, rotes Buntpapier darüber kleben. Dann den Holzstab hinten an die Maske kleben. Eventuell mit Paketklebeband fixieren.

Wer weckt den Jaguar?

Im Dickicht versteckt lebt zum Beispiel der Jaguar und lauert gut getarnt auf Beute.

Ein rechteckiges Spielfeld wird mit verschiedenen Naturmaterialien ausgelegt, z.B. Holz, Laub, Gras, Steine, Rinde, Äste. An einer Schmalseite des Spielfeldes stellen sich die Kinder in einer Reihe auf. Auf der anderen Seite hockt ein Kind mit dem Rücken zum Spielfeld auf dem Boden. Es ist ein Jaguar, der gerade ein Mittagsschläfchen hält. Die Kinder versuchen, die andere Seite zu erreichen, ohne dass es knistert, knackt und raschelt. Denn schon beim kleinsten Geräusch wird der Jaguar wach und faucht ganz fürchterlich!

2. Vor Hitze unsre Wangen glühn,
wir stapfen durch das dunkle Grün,
wo märchenhafte Blumen blühn.
Refrain: Im Urwald ist was los ...

Jaguar

Man braucht:
- Kunstpelz
- Nadel, Faden
- Füllwatte
- 2 Knöpfe

Kopf und Bauch zweimal ausschneiden. Die Teile mit Watte füllen und zusammennähen. Beine und Schwanz einfach ausschneiden und ebenfalls annähen. Zum Schluss die Knöpfe als Augen festnähen.

Heiße Savanne

Wo bist du, Löwenmutter?

Kleine Löwenkinder gehen in der brütend heißen Savanne Afrikas gerne auf Entdeckungsreise. Dabei entfernen sie sich manchmal zu weit von ihrer Löwenfamilie. Irgendwann vermissen die Löwenkinder jedoch die Nähe ihrer Mutter und machen sich auf die Suche, die geliebte Löwenmama wiederzufinden.

Ein Kind spielt die Löwenmutter und sucht sich, ohne dass die Löwenkinder es sehen, ein Versteck. Jedes Löwenkind macht sich nun alleine auf die Suche und hockt sich zufrieden und leise neben seine Löwenmutter ins Versteck. Wenn alle Löwenkinder wieder um ihre Löwenmama versammelt sind, ist dieses leise Suchspiel zu Ende.

Hungriger Löwe

Man braucht:

- Pappkarton
- Tonkarton
- Farben
- Klebstoff
- Papiermesser
- Jute
- 1 dicke Perle
- 2 Tieraugen

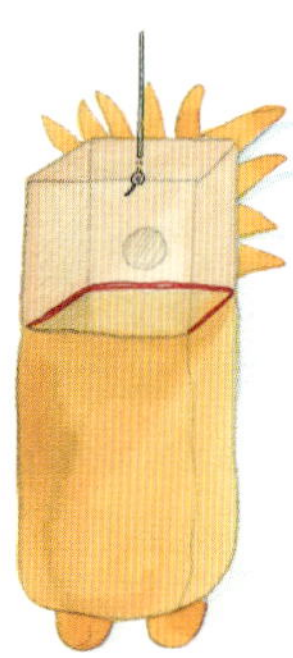

Von dem Karton den Boden und eine Rückseite abschneiden. In die Vorderseite ein Maul hineinschneiden. Den Karton gelb anmalen und eine Mähne aus gelbem Tonkarton rings um das Löwengesicht kleben. Einen Jutesack am unteren Kartonrand festkleben. Eine Schnur am Kopf befestigen und den Löwen daran aufhängen. Jetzt versuchen die Kinder, das Löwenmaul mit Tennisbällen zu treffen. Wer hat die meisten Treffer?

Elefantenrüsselspiel

Elefanten nutzen ihren Rüssel zum Riechen, zum Greifen und manchmal auch als starke Waffe zum Kämpfen.

Die Kinder spielen Elefanten und verschränken ihre Arme so vor dem Körper, dass ein Arm wie ein Rüssel frei baumeln kann und die Hand des anderen Arms zur Nase geführt wird. Ein Elefantenkind hält eine Nuss in seinem Rüssel versteckt. Bis auf ein Beobachterkind sind die restlichen Kinder auch Elefanten und stehen im Kreis mit ihren Rüsseln. Die Rüsselhand ist dabei leicht geöffnet und zeigt nach oben. Das Elefantenkind mit der Nuss geht im Kreis herum und berührt dabei die Rüssel der anderen Kinder, die daraufhin die Hand schließen. Voller Spannung erwarten alle den Augenblick, in der die Nuss in einem anderen Rüssel verschwindet. Dies sollte aber so unauffällig wie möglich geschehen. Hat das Beobachterkind etwas Verdächtiges entdecken können? Es hat drei Versuche, das Elefantenkind mit der Nuss im Rüssel zu finden. Hat es richtig geraten, darf es in der nächsten Runde die Nuss weitergeben.

Elefant in der Savanne

Man braucht:
- Steine
- Gräser
- Pappdeckel
- Klebstoff
- Schneckenhaus
- Farben

Aus Steinen und dem Schneckenhaus einen Elefanten in den Pappdeckel kleben. Eine Sonne in den Deckel malen und das Bild mit getrockneten Gräsern bekleben.

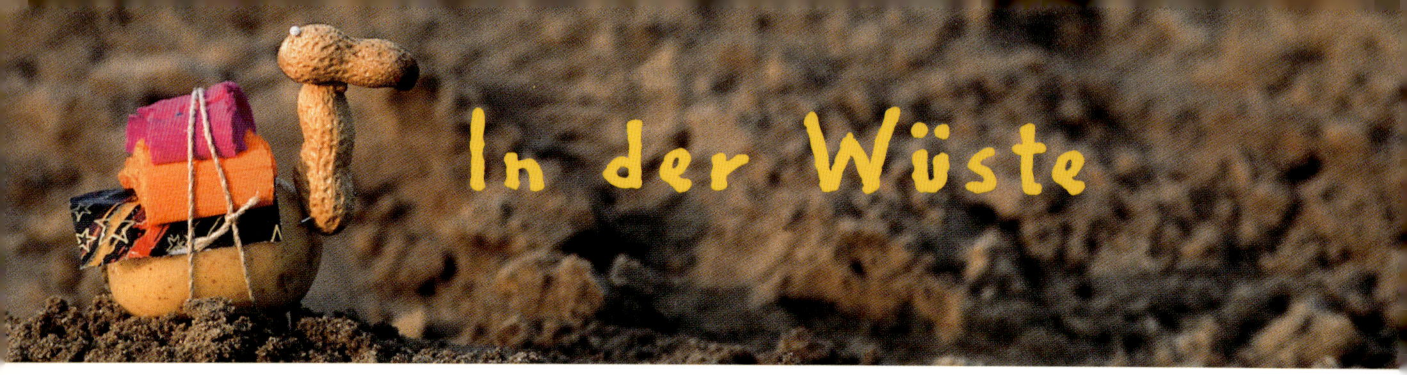

In der Wüste

Fata Morgana

Schon seit einigen Tagen zieht ein reicher Sultan mit seiner Karawane durch die Wüste. Es ist sehr heiß und alle haben großen Durst. Plötzlich sehen sie in der Ferne Bäume, die saftige Früchte tragen. Das muss die rettende Oase sein. Doch als sie die Oase erreichen, stellen sie enttäuscht fest, dass die Bäume keine Früchte tragen. Haben sie eine Fata Morgana gesehen? Oder hat der Wüstenwind die Früchte von den Bäumen gefegt?

Vier Kinder verwandeln sich in Bäume, die dicht nebeneinander in der Oase wachsen. Jeder Baum trägt eine andere Frucht. Dazu halten die Kinder jeweils eine z.B. Zitrone, Orange, Kiwi o.Ä. in der Hand. Während ein Kind der Oase kurz den Rücken kehrt, verstecken die Baumkinder schnell ihre Früchte unter ihrem Pullover oder in ihrer Hosentasche. Kann das ratende Kind sich erinnern, welcher Baum welche Frucht getragen hat?

Kamelrennen

Zwei Kamele wollen die rettende Oase als Erste erreichen und sind nicht mehr aufzuhalten.

Immer zwei Kinder treten zum Kamelrennen an. Sie krabbeln auf den Knien durch den Sandkasten und müssen dabei einen mit Wasser gefüllten Luftballon auf dem Rücken transportieren. Wenn der Luftballon herunterfällt, muss das Kamel stehen bleiben und ein Karawanenmitglied darf den Ballon wieder auf seinen Rücken legen. Welches Kamel trifft als Erstes an der Oase ein?

Wüstenwunderblumen

Es gibt Pflanzen, die in der Wüste überleben, weil sie lange Zeit ohne Wasser auskommen. Nach einem seltenen Regenguss verwandeln sich diese besonderen Blumen in blühende Wüstenwunder.

Die Kinder bauen in einer Wanne eine Wüstenlandschaft aus Sand und Steinen. Dort legen sie ihre selbst gebastelten Wüstenwunderblumen aus, die in trockenem Zustand alle noch braun und unscheinbar aussehen. Dann wird die Wüste langsam gewässert, bis die Blumen schwimmen können. (Vorsicht, nicht von oben gießen!) Das Papier weicht auf und an den Knickstellen öffnet sich wie von Zauberhand die Wüstenwunderblume.

Wüstenwunderblume

Man braucht:
- Packpapier
- Schere
- Glitzerfolie
- Klebstoff

Aus dem Packpapier einen Kreis von ca. acht Zentimeter Durchmesser ausschneiden. Mit Glitzerpapier bekleben und an sechs Stellen einschneiden (siehe Abbildung oben). An den Schnittstellen die Blume von außen nach innen falten.
Die geschlossene Blüte wie oben beschrieben in die Wüste legen.

Kamele

Man braucht:
- Kartoffeln
- Erdnüsse
- Klebstoff
- Buntpapier
- Schnur
- Zahnstocher

Zwei Erdnüsse werden als Hals und Kopf zusammengeklebt. Die Klebestelle eventuell mit einer Stecknadel fixieren. Nach dem Trocknen Hals und Kopf mit einem Zahnstocher an einer Kartoffel befestigen. Vier Zahnstocher als Beine in die Kartoffel stecken. Dann die Kamele mit bunten Päckchen beladen.

Kunterbunte Tierwelt

Farbenwechsel

Das Chamäleon lebt im Regenwald und ist ein Farbenkünstler, es kann seine Hautfarbe dem Untergrund anpassen: Auf roten Früchten wird es rot, auf gelben Blüten gelb und auf grünen Blättern der Urwaldbäume grün.

Im Raum oder draußen auf einer Wiese liegen Pappkreise in den Farben Rot, Gelb, Grün und Braun, außerdem Tücher in denselben Farben. Die Kinder spielen Chamäleons. Ein Kind zieht aus einem Beutel z.B. einen roten Apfel, eine gelbe Blume, ein grünes Blatt oder ein Stück Rinde und zeigt sie den anderen Kindern. Schnell suchen die Kinder das entsprechende farbige Tuch, laufen zum Pappkreis in der gleichen Farbe, stellen sich darauf und breiten das Tuch über ihren Kopf. Haben alle Chamäleons die richtige Farbe angenommen?

Wende-Chamäleon

Man braucht:
- Zeichenkarton
- Klebstoff
- Strohhalm
- Schere
- Farben und Pinsel

Auf Zeichenkarton die Umrisse eines Chamäleons aufzeichnen und ausschneiden. Dieses Chamäleon als Muster benutzen und damit die Umrisse mehrfach auf Zeichenkarton übertragen und ausschneiden. Die Chamäleons anmalen, einige davon spiegelverkehrt und natürlich in verschiedenen Farben. Dann immer zwei der Tiere Rücken an Rücken aneinanderkleben und dazwischen noch den Strohhalm befestigen. Diesen unten anfassen und die Farbe des Chamäleons durch Drehen wechseln.

Paradiesvogel-Modenschau

Am Fluss stolziert ein kunterbunter Paradiesvogel auf und ab. Er lädt die anderen Vögel zu einer farbenfrohen Paradiesvogel-Modenschau ein.

Für alle Kinder liegen verschiedenfarbige Tücher und Stoffstücke bereit, außerdem Masken aus Papier. Mit Glitzersteinchen, Glimmer und Federn schmücken die Kinder ihre Papiermasken und verkleiden sich mit den bunten Stoffen in bunte Paradiesvögel. Dann stolzieren sie umher und sprechen dazu:

Am Fluss, da geht es heute rund,
wir Vögel leuchten kunterbunt,
stolzieren durch das grüne Gras
und haben riesengroßen Spaß!

Paradiesvögel

Man braucht:

- Tonkarton
- Federn
- Holzstab
- kleine Schachteln
- Buntpapier
- Pappe
- Stoffreste
- Klebstoff

Ein Stück Pappe ausschneiden und auf den Holzstab kleben. Das wird das Gerüst für den Vogelkörper. Dann entweder einen Schnabel aus Tonkarton falten oder eine kleine bemalte Schachtel auf den Holzstab kleben. Die Vögel mit Federn, Tüll, Stoffresten und Buntpapier ausschmücken. Mit dem Stab kann man die Vögel vor sich hertragen. Dabei sieht es besonders gut aus, wenn die Stoffreste so lang herunterhängen, dass sie sich beim Laufen wie Federn bewegen.

Das Schweinchen Rosamunde

Das Schweinchen Rosamunde ist das schönste Schwein im Stall. Es hat eine feine, rosahelle Haut und macht sich niemals schmutzig. Es mag keine braunen Matschlöcher, in denen sich die anderen Schweine gerne suhlen. Am liebsten spaziert es durch den warmen Sonnenschein. Doch o weh! Rosamunde hat nicht aufgepasst und einen Sonnenbrand bekommen. Ihre Haut ist feurig rot und fühlt sich heiß an. Die Schweine im Stall lachen über Rosamundes knallrote Schweinehaut. Jetzt ist sie nicht mehr das schönste Schwein im Stall. Da hat Rosamunde eine Idee! Sie geht in den Kuhstall und bittet die Kühe um einen Trog voll weißer Milch. Dort legt sie sich zusammen mit ein paar duftig weißen Blüten hinein und nimmt ein Schönheitsbad. Und tatsächlich, als Rosamunde aus dem Blütenmilchbad steigt, ist ihre Haut wieder samtig weich und rosa. Seit diesem Tag schützt Rosamunde ihre rosa Haut vor jedem Sonnenspaziergang mit blütenweißer Milch.

(Regina Bestle-Körfer)

Stempel-Schwein

Man braucht:

- Korken
- Pinsel
- Pappbecher
- Papier
- Farben
- Filzstift

In einem Pappbecher genügend Rosa aus Rot und Deckweiß anmischen. Die Farbe mit einem Pinsel auf einen Korken auftragen und dann auf ein Blatt tupfen. Solange stempeln, bis ein Schwein entstanden ist. Mit einem Filzstift Augen und Beine dazumalen.

Schönheits-Körpermassage

Alle Schweine wollen so schön rosa aussehen wie Rosamunde. Doch bevor sie zum Schönheitsbad in den Milchtrog steigen, müssen sie erst einmal durch die Waschstraße, um die braune Schlammfarbe von ihrer Haut abzurubbeln.

Die Kinder stellen sich in zwei Reihen einander gegenüber auf. Sie halten ihre Hände mit geöffneten Handflächen in Brusthöhe und beginnen, das erste Schweinchen, das langsam durch die „Waschstraße" geht, abzureiben. Auf dem Weg zurück durch die „Waschstraße" wird das Schweinchen „trocken" gepustet. Das nächste Kind wartet schon gespannt auf die Körpermassage in der „Waschstraße".

Filz-Schweinchen

Man braucht:
- Kartondeckel
- Knöpfe
- Filz
- Farben
- Schere
- Pinsel
- Klebstoff

In den Kartondeckel einen Himmel malen. Aus rosa Filz Schweine ausschneiden und in den Deckel kleben. Knöpfe als Schnauze ankleben. Außerdem noch gelben, fransig eingeschnittenen Filz als Stroh in das Bild kleben.

Auf dem Hühnerhof

Wie viele Eier legt das Huhn?

Die Kinder malen mit Kreide eine Hüpffigur auf den Boden. Auf den folgenden Vers springen sie nacheinander in die Kästchen und ermitteln, wie viele Eier jedes Huhn legt:

Der Hahn ist bunt,
das Ei ist rund.
Liebes Huhn,
bleib' doch gesund:
Leg' ein Ei
zur Morgenstund'.

Jedes „Huhn" bekommt zu Spielbeginn einen kleinen, flachen Stein, den es zunächst in der Hand behält. Alle sprechen gemeinsam den Hüpfekästchenvers, während das erste Huhn auf einem Bein in die Felder 1, 2, 3 hüpft, in das doppelte Viererfeld grätscht, auf einem Bein weiter in die Felder 5, 6 und 7 hüpft und schließlich im Doppelfeld 8 mit gegrätschten Beinen kurz zum Stehen kommt. Das Huhn dreht sich mit einem Sprung um und hüpft die ganze Figur wieder auf die gleich Weise zurück. In Feld 1 angekommen, dreht es sich auf einem Bein um und versucht, den Stein in ein Feld mit einer möglichst hohen Zahl zu werfen. Der Stein muss so liegen bleiben, dass er keine Linie berührt, sonst muss sich das Huhn sofort wieder in die Reihe der wartenden Hühner einreihen. Dann beginnt das Huhn auf den letzten Vers: „Leg' ein Ei zur Morgenstund'" die ganze Figur wie zuvor zu durchhüpfen, muss das Feld mit dem Stein aber überspringen. Das Huhn hat nun so viele Eier gelegt, wie die Spielfeldzahl angibt, in der der Stein liegt. Nach der Drehung im Doppelfeld 8 hüpft das Huhn einbeinig zurück zu Feld 1 und hebt unterwegs auf einem Bein stehend seinen Stein wieder auf.

Die Hühner sind los

Die Hühner scharren in der Erde, picken Würmer und gackern herum, bis die Bäuerin kommt und sie zur Mittagsruhe auf die Hühnerstange scheucht.

In einem Turnraum werden mehrere Turnbänke mit der schmalen Seite nach oben als Hühnerstangen im Raum aufgestellt. Die Kinder spielen die wilden Hühner, die um die Bänke flattern. Die „Bäuerin" ruft plötzlich eine Zahl und so viele Kinder müssen sich jeweils auf einer Bank zusammenfinden und dort wie die Hühner auf der Stange stehen bleiben, ohne herunterzufallen. Welche Hühnerstange ist zuerst komplett besetzt?

Hühner auf der Stange

Man braucht:

- ausgeblasene Eier
- festes Papier
- Klebstoff
- Federn
- Filz
- Pfeifenreiniger

Papierkreise ausschneiden. Aus Pfeifenreinigern Füße formen und auf den Kreis kleben. Dann die Füße am Ei festkleben. Kamm und Schnabel ausschneiden und ankleben. An den Seiten Federn ankleben.

Küken

Man braucht:

- Watte
- Wolle
- Filz
- Eierschalen
- Perlen
- Klebstoff

Die Watte locker mit gelber Wolle umwickeln und in die Eierschalen stecken. Einen kleinen Schnabel aus Filz und zwei Perlenaugen ankleben.

Vogelgezwitscher

Vogelratespiel

Die Vogelmännchen singen im Frühling vor allem deshalb aus voller Kehle, um anderen Männchen ihr Revier deutlich zu machen. Die schwarzen Amseln lassen sich im Garten häufig beim Revierkampf beobachten.

Bei diesem Reaktionsspiel geht es um Verfolgung und Flucht. Zwei gleich große Gruppen stellen sich in Reihen einander gegenüber auf, in einem Abstand von ca. zwei Meter. Hinter jeder Gruppe ist in ca. zehn Metern Entfernung eine Ziellinie markiert. Eine Gruppe darf beginnen und der anderen Gruppe ein Vogelrätsel aufgeben. Sie hat sich zuvor leise auf einen Vogel geeinigt und ruft nun: „Welcher Vogel sind wir?“ Jetzt rufen die Kinder der anderen Gruppe verschiedene Vogelnamen. Fällt der richtige Vogelname, so ergreifen die Kinder der ersten Gruppe die Flucht und versuchen, hinter ihre Ziellinie zu gelangen. Die andere Gruppe nimmt die Verfolgung auf. Jedes Kind, das vor seiner Ziellinie abgefangen wurde, wechselt zur anderen Mannschaft über. Nun darf die andere Gruppe ein neues Vogelrätsel aufgeben.

Vogel mit Brieflein

Man braucht:

- festen Karton
- Federn
- Buntpapier
- Holzwäscheklammer
- Wachsmalkreide
- 1 Perle

Aus dem Karton einen Vogelkörper ausschneiden, mit Wachsmalfarben bemalen und Federn festkleben. Holzklammer gelb bemalen und von hinten so an den Vogel kleben, dass man die Klammer noch öffnen und schließen kann. Beine aus Buntpapier ausschneiden, ankleben und dann dem Vogel ein Brieflein in den Schnabel stecken.

Vogelalarm

Die Amsel kennt Melodien in über hundert Strophen, aber auch unterschiedliche Laute, die verschiedene Bedeutungen haben.

Alle Kinder sind Vögel. Sie fliegen zu einer beschwingten Musik umher. Wenn die Musik aussetzt, müssen sie aufmerksam auf die Klänge der folgenden Instrumente horchen und genau hinhören, um welchen Amselruf es sich handelt.

- Glockenspiel: Die Amsel will sich mit anderen Vögeln unterhalten. Immer zwei Kinder müssen sich zu Paaren zusammenfinden.
- Triangel: Amselwarnruf vor einer Katze. Ein Kind wird vor dem Spiel zur Katze bestimmt und darf beim Erklingen der Triangel die anderen Kinder fangen. Jedes gefangene Kind wird auch Katze und ist beim nächsten Triangelklang ebenfalls ein Fänger.
- Trommel: Angstruf. Alle Kinder flüchten auf einen herumliegenden Baumstamm oder, wenn drinnen gespielt wird, auf eine Turnbank.

Vogelfangspiel

Man braucht:

- 1 große Pappe
- Wolle
- Klebstoff
- Tonkarton
- Trinkbecher
- Perlen
- Wattekugeln
- Federn

Trinkbecher mit Wolle umwickeln. Ohren aus Tonkarton und Augen aus Perlen festkleben. An die Wattekugeln je einen Schnabel, zwei Augen und einen langen Faden kleben. Kreise aus farbigem Tonkarton in verschiedenen Größen ausschneiden und auf die Pappe kleben. Die Vögel in die Mitte setzen. Nun muss die Katze versuchen, die Vögel zu fangen, d.h. den Becher über die Vögel stülpen.

Was der Specht uns erzählt

Klopfmusik

Den Specht können wir im Wald oft hören. Mit blitzschnellen Schnabelhieben trommelt er gegen das Holz der Bäume, wenn er sein Revier verteidigt, auf Futtersuche geht oder eine Baumhöhle zum Nisten vorbereitet.

Die Kinder sammeln kleine stabile Stöcke. Damit versuchen sie, auf gefällten Baumstämmen oder dicken Ästen durch Klopfen Töne zu erzeugen. Ein morsches Stück Holz erzeugt einen anderen Klang als ein festes. Gemeinsam lassen sie ein Klopfkonzert erklingen, bei dem sie in kleinen Gruppen einfache Rhythmusfolgen spielen. Eine Gruppe beginnt und nach und nach klopft das ganze „Trommelorchester" seinen Rhythmus.

Specht-Sprechgesang

Wenn Spechte gegen Bäume hämmern,
dann macht das mächtig Krach.
Unter glatter Buchenrinde
werden die Käfer wach.

Wenn Spechte gegen Bäume klopfen,
ist oft ihr Magen leer.
Blitzschnell muss dann zum Mittagsmahl
'ne fette Larve her.

Wenn Spechte gegen Bäume trommeln,
erklingt ein Klopfkonzert.
Und niemanden im grünen Wald
hat das bis jetzt gestört.

(Annemarie Stollenwerk)

Klopfspecht

Man braucht:
- stabiles Aststück
- Federn
- Schnur
- Plakafarben

Manche Holzstücke sehen schon wie Vogelköpfe aus. Manchmal muss man nur den „Schnabel“ rot anmalen, um es zu sehen. Dann noch ein paar Federn und ein Perlenauge ankleben und fertig ist der Specht.

Specht in der Höhle

Man braucht:
- Aststück mit einem Loch
- oder einen Karton
- Federn
- Wattekugel
- Klebstoff
- Holzstäbchen

Wattekugel auf das Holzstäbchen stecken und mit Federn bekleben. Das ist der Specht. Den Specht wie beim Puppentheater durch das Astloch gucken lassen. Wer kein passendes Aststück gefunden hat, der bastelt aus einem Karton eine Spechthöhle.

Die Maus im Mauseloch

Rätsel

Mit tippelnden Schrittchen
husche ich ein bisschen,
übern Weg, übers Feld,
in meine braune Erdewelt.
Da schlüpf ich in ein Loch hinein,
sag, welches Tier kann ich wohl sein?
(Maus)

(Regina Bestle-Körfer)

Mäuschenfang

Im Mauseloch fühlt sich das Mäuschen Piep richtig wohl. Doch manchmal muss es hinaus, um seine Vorräte wieder aufzufüllen. Nimm dich bloß in Acht, Mäuschen Piep, denn da draußen lauern viele Gefahren ...

Wir basteln viele kleine Mäuse aus Kiefernzapfen mit einem dicken, gut festgeknoteten Wollfaden als Schwänzchen. Die Zapfenmäuschen legen wir auf ein großes Blatt. Die Kinder hocken auf dem Waldboden um das Blatt herum und jedes Kind hält sein Zapfenmäuschen am Schwänzchen fest. Zwei Kinder spielen die Mäuschenfänger. Es wird immer zuerst gewürfelt und dann gefangen. Dazu hält das erste Fängerkind einen kleinen Sandeimer in der Hand, mit dem es versuchen soll, die Mäuschen zu fangen. Das zweite Fängerkind hat ein Eimerchen oder eine Konservenbüchse, in dem drei flache Steine zum Würfeln liegen. Auf einen der drei Steine haben wir vorher ein kleines Mäuschen gemalt. Wenn nach dem Schütteln und Auskippen der Steine das aufgemalte Mäuschen oben liegt, versucht das erste Fängerkind, seinen kleinen Eimer so schnell wie möglich auf das

Blatt mit den Zapfenmäuschen zu stülpen und eines zu fangen. Die Kinder versuchen gleichzeitig, ihre Zapfenmäuse so schnell wie möglich am Schwänzchen vom Blatt wegzuziehen. Liegt nach dem Auskippen kein Mäusestein oben, dürfen die Zapfenmäuschen nicht vom Blatt weg bewegt werden, denn das erste Fängerkind darf nun kein Mäuschen fangen. Wer die Spannung nicht aushalten kann und sein Mäuschen trotzdem vom Blatt wegzieht, muss ein Pfand abgeben.

Zapfenmäuschen

Man braucht:
- Zapfen
- Wollfäden
- Buntpapier
- Perlen

Aus dem Buntpapier kleine Mäuseohren ausschneiden und in die Zapfen stecken. Einen Wollfaden als Schwanz befestigen. Perlenaugen und Schnauze ankleben.

Wollmäuse

Man braucht:
- graue Wolle
- Perlen
- rosafarbenen Filz
- Stopfnadel

Die Wolle wird zu einem lockeren Knäuel gewickelt. Mit der Stopfnadel wird das Ende des Wollfadens an dem Knäuel so festgenäht, dass noch ein Stück des Fadens als Schwanz aus dem Knäuel herausguckt. Perlenaugen und Schnäuzchen annähen. Ohren aus Filz ausschneiden und ebenfalls festnähen.

Der Fuchs auf Wanderschaft

Fuchssuche

Auch wenn der Rotfuchs in unseren Wäldern recht häufig vorkommt, bekommen wir ihn nur selten zu sehen. Er verlässt erst in der Dämmerung und bei Nacht seinen schützenden Unterschlupf. Doch wenn wir aufmerksam durch das Dickicht des Waldes gehen, können wir vielleicht die Pfotenabdrücke eines Fuchses entdecken. Wie eine gerade Schnur zieht sich seine Fährte durch den Wald, wenn er gemütlich Pfote vor Pfote setzt und dabei immer wieder in seine eigenen Pfotenabdrücke tritt.

Wir schneiden viele Fuchspfotenabdrücke aus Pappe aus. Im Wald oder Garten spielen wir Fuchssuche. Ein Kind ist der Fuchs. Es bekommt einen zeitlichen Vorsprung und legt mit vielen Pfotenkärtchen eine lange Spur und sucht sich in unmittelbarer Nähe zum letzten Pfotenabdruck ein Versteck. Die anderen Kinder verfolgen die Fuchsspur und versuchen, das Versteck des Fuchskindes zu finden. Es können sich auch zwei Füchse gleichzeitig auf den Weg machen und ihre Spuren dabei kreuzen. Nachdem der Fuchs gefunden wurde, werden die Pfotenkärtchen wieder eingesammelt und die Fuchssuche kann von neuem beginnen.

Fuchsjagd

Ein oder mehrere Kinder spielen Fuchs und bekommen einen Fuchsschwanz – ein zusammengerolltes Stück roter Stoff – locker an ihre Kleidung geheftet. Die Füchse erhalten einen Vorsprung zum Weglaufen. Die jagenden Kinder zählen bis zehn und rufen so laut sie können „Fuchsjagd“. Dann laufen sie los und versuchen, einen Fuchsschwanz zu erwischen. Die Kinder, die einen Fuchsschwanz in den Händen halten, sind beim nächsten Spieldurchgang die Füchse.

Wanderfuchs

Man braucht:
- 1 leere Klorolle
- Buntpapier
- Klebstoff
- etwas Märchenwolle
- Schnur

Zuerst die Rolle mit Papier bekleben. Aus Papier den Kopf und die Beine ausschneiden. Alle Teile an der Klorolle festkleben. Den Schwanz aus Märchenwolle nicht vergessen. Wer mit dem Fuchs spielen möchte, befestigt in der Rolle eine Schnur. Daran kann man den Fuchs hinter sich herziehen. Mit zwei Füchsen kann man schon ein kleines Fuchsrennen veranstalten.

Fuchsmaske

Man braucht:
- roten Karton
- Filzstift
- Hutgummi
- Schere
- Klebstoff

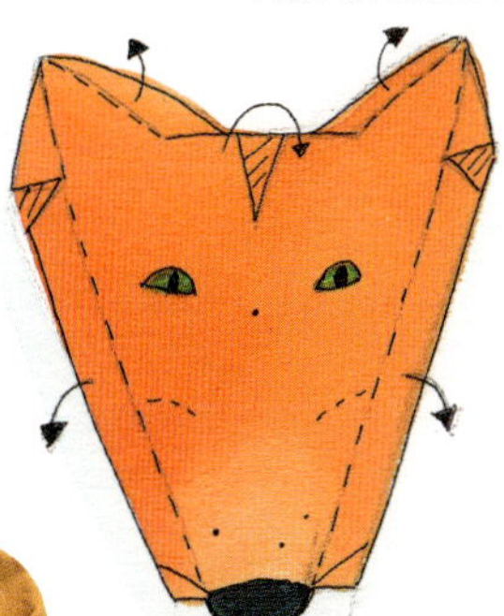

Aus dem roten Karton wird die Kopfform zugeschnitten, so wie es auf der Zeichnung zu sehen ist. An der gestrichelten Linie die Kanten nach innen biegen. Den oberen Rand einschneiden, die Kanten übereinander schieben und kleben. Mit dem Filzstift eine Schnauze aufmalen. An den Seiten ein Hutgummi durchziehen und verknoten.

Kribbelige Käfer

Kribbel-Krabbel-Entdeckungsreise

Die Kinder bekommen mit Fingerfarbe auf alle zehn Fingerspitzen einen Marienkäfer gemalt. Jedes Kind geht mit seinen zehn Käferlein im Wald auf eine spannende Kribbel-Krabbel-Fühlreise:

Zehn kleine Käferlein
krabbeln durch den Wald,
beim Kribbeln, Krabbeln, Kraxeln
wird ihnen niemals kalt.
Zehn kleine Käferlein
krabbeln übers Haus,
da streckt mit kleinen Hörnchen
die Schneck ihr Köpfchen raus.

Zehn kleine Käferlein
krabbeln einen Baum hinauf,
dann krabbeln sie wieder runter
im Käferschrittchenlauf.
Zehn kleine Käferlein
krabbeln ins Moos hinein,
sie schlafen dort im Mondenschein
ganz still und leise ein.

(Regina Bestle-Körfer)

Käferfingerspiel

Wir können das Käferfingerspiel auf die bekannte Melodie der zehn kleinen Zappelmänner singen und mit allen zehn Fingern spielen. Zunächst kribbeln wir mit den Fingerspitzen über Arme und Beine. Anschließend stellen wir mit den Händen ein Häuschen mit Dach dar. Dann stellt die linke Faust mit ausgestreckten Zeige- und Mittelfinger eine Schnecke dar und die andere Hand krabbelt über sie hinweg. Daraufhin strecken wir die linke Hand und den Arm wie einen Baum in die Luft und die Fingerspitzen der rechten Hand krabbeln den „Baum" hinauf und hinunter. Zum Schluss krabbeln alle zehn Finger unter den Pullover und die Kinder schließen die Augen.

Steinkäfer

Man braucht:
- Steine
- Farben
- Klebstoff
- Folie
- Filz
- Märchenwolle

Zuerst werden Steine gesucht.
Sie werden gewaschen, getrocknet und anschließend bemalt.
Manchen Käfern werden noch Flügel aus Folie angeklebt.

Bunte Fantasiekäfer

Man braucht:
- Halbkugel (Styropor)
- Farben
- Folien
- Stecknadeln
- Pfeifenreiniger
- Wattekugel
- Perlen
- Klebstoff

Die Halbkugel und die Wattekugel bemalen. Nach dem Trocknen beide Kugeln mit Klebstoff und Stecknadeln zusammenfügen. Pfeifenreiniger in den Körper stecken. Flügel aus Folie ankleben oder anstecken. Wer mag, kann den Käfer noch mit Perlen und Goldfolie ausschmücken.

Krabbelspinnes Haus

Spinnenhüpfspiel

Besonders im Herbstwald können wir Krabbelspinnes Netz an beinahe jedem Strauch und Ast entdecken; oft ist es geschmückt mit silbrig schimmernden Tautropfen.

Wir machen es den Spinnen nach und weben knapp über dem Waldboden aus buntem Gummitwist ein Spinnennetz zwischen mehreren nah beieinander stehenden Bäumen. Es sollte genügend große Löcher haben, damit die Kinder durch die Löcher hüpfen und springen können. Ist unser Spinnennetz fertig, beginnt ein Kind durch die Löcher zu springen, während die anderen einen lustigen Hüpfevers sprechen oder singen. Immer bei der letzten Silbe des Hüpfverses verlässt das springende Kind wieder das Netz und das nächste Spinnenkind darf nach Spinnenlust springen.

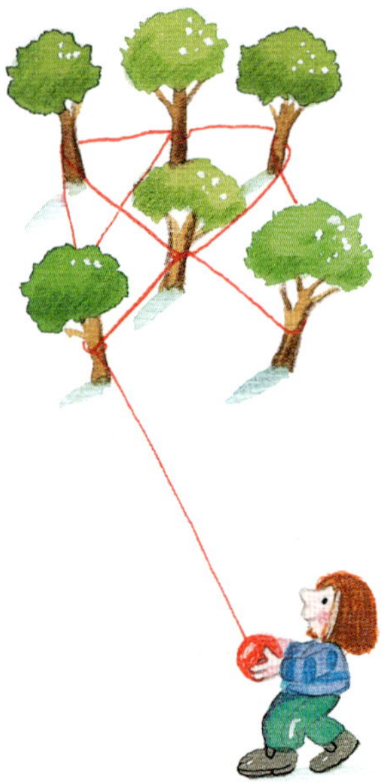

Spinne, Spinne
Spinnenbein,
du sollst meine
Freundin sein.
Spinne, Spinne
Spinnenkopf,
fall nicht in
meinen Suppentopf.

Spinne, Spinne
Spinnenhaar,
flieg mit uns
nach Sansibar.
Spinne, Spinne
Spinnennetz,
dieses Haus
ist nun besetzt.

(Regina Bestle-Körfer)

Tarantulas Befehle

Ein Kind ist die Oberspinne Tarantula. Es darf Vorspringerin in unserem Spinnenhüpfespiel sein. Die anderen Kinder springen in einer langen Spinnenkette hinter der Oberspinne her. Sie müssen alles tun, was die Oberspinne Tarantula vormacht, etwa hüpfen, klatschen ...

Spinnenmobile

Man braucht:

- Klebefolie
- Pfeifenreiniger
- Wolle

Mit der Wolle auf der klebenden Seite der Folie ein Spinnennetz legen. Über das Netz eine zweite Schicht Folie kleben. Oben und unten jeweils einen langen Wollfaden heraushängen lassen. Aus schwarzer Wolle eine Spinne wickeln. Pfeifenreinigerbeine hineinstecken und die Spinne an den Faden, der aus dem Netz hängt, knoten. Gesicht aus Tonkarton aufkleben.

Spinne im Netz

Man braucht:

- Wolle
- Pfeifenreiniger
- Filz
- Perlen

In einen Baum mit silbriger Wolle ein Spinnennetz knoten. Aus schwarzer Wolle eine Spinne wickeln. Aus Filz dem Wollknäuel ein Gesicht aufnähen. Pfeifenreiniger in die Spinne stecken.

Auf feuchten Sohlen

Schneckenkleber

Schnecken leben auf feuchten Sohlen. Indem sie die Muskeln in dieser Sohle zusammenziehen und wieder entspannen, schieben sie sich Zentimeter für Zentimeter vorwärts. Dabei hinterlassen sie eine schleimige Spur.

Alle Mitspieler gehen langsam in einem vorher festgelegten Spielfeld umher. Ihre Zeigefinger halten sie dabei als Fühler vom Kopf weggestreckt. Sobald sich zwei Schnecken begegnen und berühren, bleiben sie aneinander kleben. Nun gehen sie Seite an Seite, Rücken an Rücken oder Arm an Arm weiter, je nachdem, wo sie sich berührt haben. Immer mehr Schneckenkinder begegnen sich und bleiben zusammen. Das Spiel ist zu Ende, wenn alle Schnecken aneinander kleben.

Unterwegs mit Schneckenhaus

Für dieses Spiel werden zwei Mannschaften gebildet. Zwei Kinder, eines von jeder Mannschaft, legen sich flach auf den Boden und kriechen oder robben wie eine Schnecke vorwärts. Dabei müssen sie auch ein Schneckenhäuschen tragen, das sie in Form eines Kissens auf ihren Rücken legen. Dann geht es los. Wer schafft es, als Erstes ins Ziel zu kommen, ohne sein Schneckenhaus unterwegs zu verlieren? Sobald die beiden angekommen sind, starten die nächsten Kinder. Wir können das Spiel noch etwas schwieriger gestalten, wenn die Schnecken über ein Hindernis oder im Slalom um Zapfen oder Steine herumkriechen müssen.

Schneckenlabyrinth

Man braucht:
- Karton
- Stecknadeln
- Schneckenhaus
- Klebstoff
- Messer
- Farbe
- Perlen

Den Kartonboden so abschneiden, dass von den Seitenwänden noch ca. drei Zentimeter in der Höhe stehen bleiben. Aus dem restlichen Karton Streifen zuschneiden und als Labyrinth auf den Kartonboden kleben. Mit Stecknadeln fixieren. Das Labyrinth anmalen und an das Ende ein Schneckenhaus kleben. Nun kann man eine Perle durch das Labyrinth in das Schneckenhaus rollen, indem man das Labyrinth zwischen den Händen bewegt.

Schnecken aus Knete

Man braucht:
- Knete
- etwas Watte
- Schneckenhäuser

Aus Knete Schnecken formen. Auf die Schnecken jeweils ein schönes Schneckenhaus setzen. Dann werden die Zwerge ebenfalls aus Knete geformt und als Reiter auf die Schnecken gesetzt.

Baumspielereien

Baumriese

Der Baumriese ist schon einige hundert Jahre alt. Viele Tiere haben ihn in seinem langen Leben besucht und Unterschlupf bei ihm gefunden. Der Baumriese erzählt uns ohne Worte, welche Tiere seine Freunde sind.

Ein Kind ist der Baumriese und zieht aus einem verdeckten Kartenstapel eine Tierkarte, auf der ein Waldtier abgebildet ist: Hase, Fuchs, Eule, Igel, Käfer, Schmetterling usw. Das Kind hat die Aufgabe, das abgebildete Tier pantomimisch zu spielen, seine Bewegungen nachzuahmen, ohne zu sprechen. Es kann lange Ohren mit den Händen über dem Kopf darstellen und hüpfen wie ein Hase oder mit der Nase über den Waldboden schnüffeln wie ein Igel und pieksige Igelstacheln zeigen, oder es flattert mit ausgebreiteten Armen wie eine Eule und zeigt ihre großen Augen usw. Wenn ein Kind das gesuchte Tier erraten hat, darf es das nächste Tierkärtchen ziehen.

Wilde Baumkinder

Förster Grindelwald liebt Bäume, aber leider hat er keinen eigenen Wald. Darum geht er heute auf Bäumefang.

Zu Beginn des Spiels legen wir aus Stöcken ein großes Spielfeld. In diesem Spielfeld laufen viele Baumkinder umher. Ein Kind ist der Förster und versucht, die wilden Baumkinder zu fangen. Jedes Kind, das vom Förster Grindelwald berührt wurde, erstarrt, und seine Baumwurzeln wachsen augenblicklich in der Erde fest. Die Kinder spielen, dass sie Bäume sind, die immer größer werden. Sie strecken ihre Arme in den Himmel und wiegen sie sanft im Wind. Wenn alle Baumkinder angewurzelt sind, ist Förster Grindelwald glücklich und er spaziert stolz durch seinen eigenen Wald. Voller Freude schenkt der Förster jedem Baumkind ein eigenes Blatt. Welcher Baum bist du geworden?

Baumgesichter

Man braucht:
- Knete in verschiedenen Farben

Manche Bäume haben richtige Gesichter. Manchmal fehlen nur ein Mund und ein paar Augen aus Knete, damit man das Baumgesicht deutlich erkennt.

Baumtheater

Man braucht:
- Äste
- Blätter
- Zweige
- bunte Knete

Zuerst bekommt der Baum, den man ausgewählt hat, ein Gesicht aus Knete und vielleicht Haare aus Blättern.
Ein Kind stellt sich nun so hinter den Baum, dass man die Hände sehen kann.
Jetzt noch einen Stock in die Hand, und das Theater kann beginnen.

Die Haut der Bäume

Rindentasten

Vor langer, langer Zeit ist es dem Zauberer Petrosilius gelungen, allen Bäumen einen wunderschönen Schutz gegen Kälte und Regen zu zaubern. Seit dieser Zeit tragen die Bäume ihre Rinde wie eine kostbare Haut.

Die Kinder suchen Bäume aus, die sie an ihren Blätter erkennen können. Ganz bewusst nehmen ihre Hände und Finger nun durch Tasten, Streichen und Fühlen die Struktur der verschiedenen Rinden wahr. Es gibt glatte und sehr raue Rinde, manche Baumstämme sind mit Moos und Flechten überzogen, andere haben Knubbel, Furchen und große Astlöcher. An manchen Bäumen löst sich die Rinde leicht. Die Kinder können ein Stück in die Hand nehmen und es von allen Seiten betrachten und betasten. Welche Rindenhaut ist dem Zauberer Petrosilius ganz besonders gelungen und lässt sich gut erkennen?

Kullerbahn

Die Kinder sammeln vom Waldboden Rindenstücke auf, die ein wenig gebogen sind. Dann stellen sie sich in einer Reihe oder im Kreis auf und versuchen, eine große Glasmurmel oder einen kleinen Ball über das Rindenstück von Kind zu Kind zu kullern. Dabei soll die Murmel bzw. der Ball nicht auf den Boden fallen. Nach einigen Spielrunden probieren die Kinder aus, ob das Weitergeben auch ganz schnell zu schaffen ist. Gemeinsam kann aus den gesammelten Rindenstücken auch eine große Kullerbahn entstehen. Dazu legen die Kinder die Rindenstücke in leicht abschüssigem Gelände hintereinander um Bäume herum oder über kleine Hindernisse und lassen ihre Kugeln oder Bälle über diese Bahn kullern.

Rindenfiguren

Man braucht:

- Rindenstücke
- Blätter
- Knete
- Tonpapier
- Filz

Wölfe, Igel, Krokodile und viele andere Gestalten lassen sich aus Rindenstückchen basteln. Ohren aus Blättern oder Papier, ein Maul aus Knete, und fertig ist das Rindentier.

Blätterfeen rascheln wieder

Wer findet die Blätterfeen?

Wenn der Sommer zu Ende geht und der Herbst sich ankündigt, ziehen die Blätterfee Smeralda und ihre Freundinnen kunterbunte Kleider an, um im Wald ein farbenfrohes Fest zu feiern.

Alle Kinder suchen schöne Blätter und verwandeln sie mit bunter Kreide, verschiedenfarbigen Blütenblättern oder einem schwarzen Filzstift in Blätterfeen, indem sie ihnen ein Gesicht aufmalen. Anschließend verstecken einige Kinder die Blätterfeen im bunten Herbstlaub. Eine andere Gruppe Kinder macht sich anschließend auf die Suche nach ihnen. Wo haben sich die Blätterfeen überall versteckt?

Feengeraschel

Die Blätterfeen lieben es, im Laub herumzuwühlen, die Blätter hoch in die Luft zu werfen und dabei laut zu rascheln.

Auf ein Bettlaken oder ein Schwungtuch legen wir einen großen Berg Blätter und lassen ihn beim sanften Auf- und Abschwingen knistern und rascheln. Unter das Tuch hockt sich ein Kind auf den Boden und spitzt die Ohren. Denn während die Blätterfeen rascheln, machen einige Kinder auf ein Zeichen hin andere Geräusche. Sie klingeln beispielsweise mit einem Glöckchen, schlagen Steine aneinander oder zerbrechen kleine Äste. Hört das Kind unter dem Tuch im Geraschel einen anderen Klang, steht es auf und sagt, was es gehört hat. Hat es richtig geraten, ist das nächste Kind an der Reihe, unter das Tuch zu krabbeln und zu lauschen.

Blätterkönigin

Man braucht:

- bunte Herbstblätter
- Hutgummi
- Tacker
- goldfarbenen Karton
- Schere
- rotes Kreppapier

Einen Streifen aus dem goldfarbenen Karton zuschneiden und mit großen Blättern betackern. Durch die Enden des Streifens Hutgummi ziehen. Für den Umhang große Blätter auf den Krepp-papierstreifen tackern.

Blätterling

Man braucht:

- Kastanien
- Hagebutten
- Blätter
- Schnur
- Nagel
- Wattekugel
- Stecknadel

Mit dem Nagel Löcher durch die Kastanien und die Wattekugel bohren und die Schnur durchziehen. Seitlich zwei Löcher in eine Kastanie bohren und die Blätter hineinstecken.

Nadelige Zweige

Tannenreisig sammeln

In harten Wintern sammelten die armen Leute früher Tannenreisig vom Waldboden auf, um sich wenigstens einen Hauch von Wärme in ihre kalten Hütten zu holen. Die voll beladenen Körbe mussten sie dann oft über weite Strecken mühevoll aus dem Wald nach Hause tragen.

Die Kinder bilden Paare. Sie sammeln mehrere Tannenzweige und schichten sie nebeneinander zu kleinen Bergen auf. Dann wird eine Ziellinie bestimmt. Auf zwei Stöcken, die einen Korb darstellen sollen, versuchen die Reisigsucher nun, Gruppe für Gruppe ihre Zweige ins Ziel zu tragen, ohne dass sie herunterfallen. Welches Paar hat zuerst alles Reisig nach Hause geschafft?

Harzkleber

Nadelbäume sondern aus ihrer Rinde eine zähe Flüssigkeit ab, die aromatisch duftet und sehr klebrig ist. Immer, wenn wir Nadelzweige anfassen oder die Rinde berühren, bleibt etwas Harz an unseren Händen kleben. Mit einem Ästchen nehmen die Kinder etwas Harz von einer Kiefer, einer Tanne oder einer Fichte ab und streichen es auf ein Stück Pappe. Anschließend streuen wir etwas Erde, feinen Sand oder Nadeln vom Waldboden auf das Harz oder kleben Blätter, kleine Stöcke und Steinchen auf dem Harz fest. Die Kinder beobachten, dass das Harz gute Klebeeigenschaften besitzt, und gestalten Bilder mit dem Naturmaterial.

Stachelige Tiere

Man braucht:
- Knete
- Tannennadeln

Aus Knete Stacheltiere formen, z.B. einen Igel, ein Stachelschwein oder einen Fisch. Die Tannennadeln als Stacheln in die Knete stecken.

Nadelige Kakteen

Man braucht:
- Knete
- kleine Tontöpfe
- Tannenzweige

Tannenzweige sammeln und die Nadeln abstreifen. Die Tontöpfe mit Sand oder Kies füllen. Aus Knete Kakteen formen und mit Nadeln spicken.
Oder eine Styroporkugel grün bemalen, mit Klebstoff bestreichen und in den Nadeln wälzen.

Im Zapfenwald

Zapfenspringen

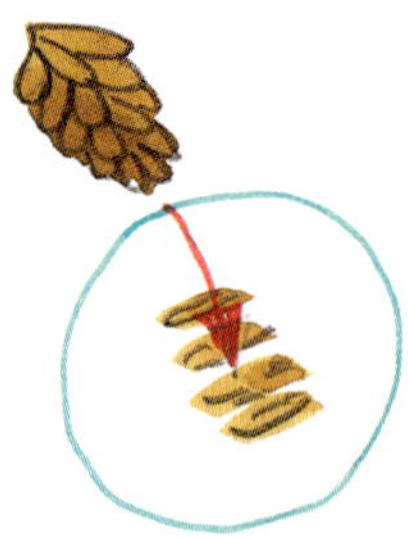

Einmal im Jahr versammeln sich die Zapfenritter zu einem Wettstreit im Wald. Dieses Mal hat der Ritter Ohnefurcht die tapfersten Ritter in seinen dunklen Tannenwald eingeladen.

Auf dem Waldboden ziehen wir einen Kreis mit ca. 40 Zentimeter Durchmesser. Jedes Kind sammelt vier bis fünf Zapfen, die dicht nebeneinander in die Kreis-mitte gelegt werden. Reihum darf nun jeder einen dicken Zapfen senkrecht in den Zapfenhaufen fallen lassen. Alle Zapfen, die über den Kreisrand herausspringen, dürfen von dem Kind aufgesammelt werden und zählen einen Punkt. Wer kann die meisten Zapfen aus dem Kreis springen lassen?

Im Labyrinth

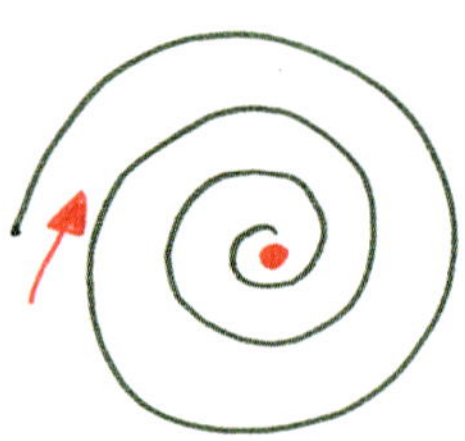

In Körben oder Stoffbeuteln sammeln wir viele verschiedene Zapfen. Mit ihnen legen wir auf dem Waldboden ein Labyrinth mit Wegen, Mauern und Sackgassen oder eine große Spirale. Die Zapfenritter versuchen nun, den richtigen Weg zum Ausgang des Labyrinthes zu finden oder üben sich im Wetthüpfen durch die Zapfenspirale. Dabei können sie auf einem Bein, mit beiden Beinen, seitwärts oder rückwärts hüpfen.

Zapfenkorbball

An einem Baum befestigen wir ein Kartoffel- oder Apfelsinennetz, das wir auf einen Drahtring ziehen. Jedes Kind erhält nun fünf Zapfen und versucht, sie aus einer festgelegten Entfernung in das Netz zu werfen. Wer schafft es, mit allen fünf Zapfen ins Netz zu treffen?

Zapfenmännchen

Man braucht:
- Kiefernzapfen
- Schnur
- Zweige
- Klebstoff

Auf einen Kiefernzapfen wird die Beere als Kopf geklebt. Stöckchen werden seitlich in den Zapfen gesteckt. Hände und Füße aus Blättern an den Stöckchen befestigen.

Zapfenritter

Man braucht:
- Tannenzapfen
- Nägel
- Knete
- silberne Farbe
- Wattekugeln
- Alufolie
- Klebstoff
- Buntpapier

Zuerst die Tannenzapfen mit silberner Farbe bemalen. Auf die Wattekugeln Gesichter malen und Helme aus Alufolie kleben. Vier Nägel als Arme und Beine in die Zapfen stecken. Damit die Ritter stehen, die Beine in Knete stecken. Nun die Köpfe auf die Körper kleben. Zum Schluss Schilde aus Buntpapier ausschneiden.

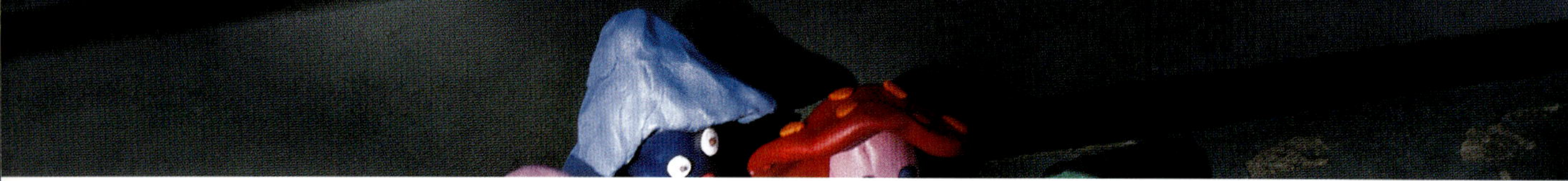

Kleiner, roter Fliegenpilz

Folgt Sonne auf Regen, sprießen im Wald die Pilze. Über Nacht wachsen sie wie von Zauberhand oft in kreisförmiger Anordnung, die im Volksmund Hexen- oder Elfenring genannt wird. Manche Pilze sind besonders giftig, etwa der Fliegenpilz mit seinem knallroten Hut und den weißen Tupfen.

Im Sitzen oder Stehen bilden wir einen Kreis. Ein Kind setzt einen selbst gebastelten Fliegenpilzhut aus Pappe auf. Der Hut wird nun von Kopf zu Kopf weitergereicht, während alle Kinder folgenden Vers sprechen:

Es geht ein roter Hut herum,
er wandert durch den Kreis,
seine Punkte sind weiß,
wo bleibt er stehn?

Wer am Ende des kleinen Verses den Fliegenpilzhut auf seinem Kopf hat, gibt ein Pfand ab. Dann wandert der Hut weiter.

Es regnet!

In einem vorher festgelegten Spielfeld werden verschiedene Hüte oder Mützen verteilt, eine weniger als Kinder mitspielen. Alle Kinder bekommen in kleinen Gruppen einen Tiernamen zugeordnet, z.B. Käfer, Mäuse, Hasen, Eichhörnchen, Vögel. Dann laufen sie kreuz und quer übers Spielfeld. Werden die entsprechenden Tiernamen aufgerufen, laufen die jeweiligen Kinder schnell zu einem der Hüte und setzen ihn auf. Ertönt der Ruf: „Es regnet!“, müssen alle Kinder versuchen, einen Hut zu ergattern. Wer keinen erwischt, wird pitschenass und setzt sich außerhalb des Spielfeldes ins Trockene.

Bunte Pilze

Man braucht: • Knete

Aus Knete werden fantasievolle Pilze geformt, die in der Mitte eine Öffnung haben, sodass sie über die Finger passen. Mit den Pilzen kann ein Fingerpuppenspiel aufgeführt werden.

Pilzspiel

Man braucht:
- Pappe
- Plakafarben
- Klebstoff
- viele Murmeln oder Eicheln

Aus Pappe werden mindestens drei Pilze ausgeschnitten. Jeder Pilz bekommt einen großen Mund. Die Pilze werden bemalt. Auf der Rückseite einen Kartonstreifen festkleben, damit die Pilze gut stehen können. Jeder Pilz bekommt noch eine Zahl. Nun wird versucht, mit Murmeln in die Pilze zu treffen. Wer bekommt die meisten Punkte?

Gäste im Wald

Einkaufen

Markthändler sind in den Wald gekommen und bieten viele Köstlichkeiten an. Auf dem Waldboden werden ein paar Tücher ausgebreitet. Auf diesen Verkaufsständen liegen Steine, Moos, Zapfen, Äste, Beeren, Rinde, Wurzeln usw. Jeder Stand hat eine Kasse, in der Waldgeld (z.B. Steine) liegt. Alle Kinder, die einkaufen möchten, erhalten ein Körbchen und zehn Waldmünzen zum Bezahlen. Während ein paar Kinder als Markthändler ihre Ware durch lautes Rufen anpreisen, kaufen die anderen bei den Ständen Vorräte ein. Ist ihr Waldgeld ausgegeben, tragen die Kinder ihre Einkäufe „nach Hause“ oder in die Küche des „Waldrestaurants“.

Waldrestaurant Waldesruh

An einem idyllischen Plätzchen im Wald eröffnen wir unser Waldrestaurant Waldesruh. Auf umgekippten Baumstämmen oder Baumstümpfen laden wir unsere Gäste zum Verschnaufen und zum Schmausen ein. Verschiedene Waldfundstücke, die wir zuvor gesammelt haben, lassen sich als Teller, Tassen, Besteck, Tischset oder Kerzenhalter verwenden. Die Kinder dekorieren die Tische stimmungsvoll und denken sich witzige Speisen aus, etwa: Astspaghetti mit Waldnadelsoße, kunterbunte Blätterspieße, gemischte Steinsuppe, Moosklößchen auf Grasspaghetti, Blätterspinat mit Erdmatschsoße, Zapfeneintopf mit Hagebutten … Der Fantasie der kleinen Köche sind keine Grenzen gesetzt. Nach getaner Arbeit lassen sich die kleinen und großen Gäste im Waldrestaurant in aller Ruhe verwöhnen.

Tischgedecke

Man braucht:
- Rinde
- Blüten
- Beeren
- große Blätter
- Zweige
- Moos

Rindenstücke werden mit Beeren oder Moos gefüllt, Zweige werden als Messer und Gabeln danebengelegt. Oder es werden Blätter mit Blüten garniert.

Beerenspieße

Man braucht:
- dünne Stöckchen oder Waldgras
- Brombeeren oder Himbeeren

Wenn man genügend Beeren gesammelt hat, werden diese dann auf Stöckchen oder Grashalme aufgefädelt und anschließend verspeist.

Hänsel und Gretel verliefen sich im Wald

Knusper, knusper, Knäuschen

Mit Pfefferkuchen, Zuckerkringeln und anderen süßen Leckereien hat die Hexe im Märchen Hänsel und Gretel in ihr Hexenhaus gelockt.

Wir befestigen einige Zuckerplätzchen oder andere Leckereien an einem Wollfaden und hängen sie in die Äste eines Baumes. Ein Kind stellt sich als Hexe unter den Baum mit dem Gesicht zum Baumstamm. Die anderen Kinder stehen in einiger Entfernung hinter der Hexe. Wenn die Hexe ruft: „Knusper, knusper, Knäuschen", schleichen alle Kinder einige Schritte vorwärts und müssen sofort still stehen, wenn sich die Hexe nach ihrem Hexenspruch zu den Kindern umdreht. Wer sich noch bewegt, den darf sie wieder drei Schritte zurückschicken. Das Spiel wird so oft wiederholt, bis ein Kind den Baumstamm berührt, bevor die Hexe ihren Spruch beendet hat. Dieses Kind wird mit einer Leckerei vom Hexenbaum belohnt.

Hänsel und Gretel Sinnespfad

Im Märchen haben Hänsel und Gretel den Weg durch den dunklen Wald nach Hause zurück nicht mehr gefunden. Die Vögel hatten alle Brotkrümel, die Hänsel am Abend zuvor verstreut hatte, aufgepickt.

Wir bauen einen sinnlichen Fußweg im Wald, den wir in verschiedenen Abschnitten mit Moos, Blättern, Zapfen, flachen Steinen, Kastanien, Tannennadeln usw. anlegen. Es entsteht eine Fußtaststraße im Wald, an der die Kinder mit ihren nackten Füße ihre Freude haben werden. Die Kinder spielen Hänsel und Gretel. Sie führen sich abwechselnd mit geschlossenen Augen über den selbst gebauten Sinnespfad durch den Wald.

Hexenbesen

Man braucht:
- kleine Zweige
- Blumendraht
- Schere

Um einen längeren Zweig werden mit Blumendraht viele kleine Zweige gewickelt.

Hexenhaus

Man braucht:
- Karton
- Messer
- Farben
- Klebstoff

Den Karton so zuschneiden, dass zwei Seitenteile oben als Dach zusammengeklebt werden können. Mit dem Messer Fenster und Türen einschneiden. Das Haus bemalen. Wer mag, kann es mit Süßigkeiten bekleben.

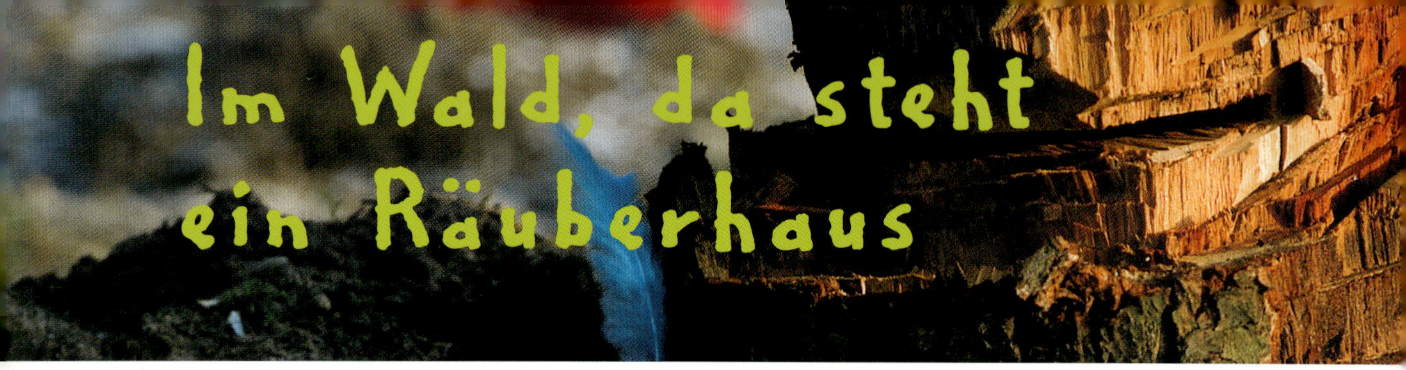

Im Wald, da steht ein Räuberhaus

Die Bremer Stadtmusikanten

Die Bremer Stadtmusikanten haben es im Märchen geschafft, die Räuber mit ihren ohrenbetäubenden Tierstimmen aus dem Räuberhaus zu verjagen.

Die Kinder spielen die Bremer Stadtmusikanten. Für dieses Spiel bilden wir einen Kreis, in der Mitte hockt ein schlafendes Räuberkind mit geschlossenen Augen. Die Kinder im Außenkreis sind die Bremer Stadtmusikanten. Einige sind Esel, andere Hund, Katze und Hahn. Doch unsere Bremer Stadtmusikanten waren schlau. Sie haben von ihrer langen Wanderung Verstärkung mitgebracht. Im Außenkreis steht nun noch ein Kind, das nicht zu den Bremer Stadtmusikanten aus dem Märchen gehört: entweder eine muhende Kuh, ein brummender Bär, eine summende Biene, ein quakender Frosch usw. Das schlafende Räuberkind in der Mitte hat nun die Aufgabe herauszuhören, welches Tier dort in den Gesang der Stadtmusikanten einstimmt und nicht zu den Bremer Stadtmusikanten gehört.

Räuberhut

Man braucht:

- Tonkarton
- Schere
- Kleister
- Farben
- Klebstoff
- Papier

Aus Tonkarton einen Kreis und einen Halbkreis ausschneiden. Den Kreis innen so ausschneiden, dass er auf den Kopf passt. Den Halbkreis aufrollen, zusammenkleben und in der Hutkrempe festkleben. Wer mag, kann den Hut noch mit Kleisterpapier überkleben und nach dem Trocknen lackieren, dann hält er länger.

Räuberhut-Zielwerfen

Viele Räuber streiten sich um das Räuberhaus im Wald. Jeder möchte darin wohnen. Beim Räuberhutzielwerfen entscheidet sich, wer ins Räuberhaus einziehen darf.

Mit einem Stock zeichnen wir einen Kreis auf den Waldboden und bohren den Stock in die Mitte des Kreises, sodass er fest in der Erde steht. Alle Kinder versammeln sich um den Kreis und versuchen abwechselnd, einen Räuberhut auf den Stock in der Kreismitte zu werfen. Jedes Kind, das den Räuberhut auf den Stock getroffen hat, darf ins Räuberhaus einziehen.

Drei Räuber

Man braucht:
- leere Klorollen
- Stoff, Filzreste
- Wattekugeln
- Wolle, Federn

Die Klorollen mit Filz- oder Stoffresten bekleben. Wattekugeln als Köpfe aufkleben und dann die Räuber mit Wollhaaren, Filz- oder Papierhüten, mit Pflaster, Federn und Ähnlichem ausschmücken.

Wegefinder und Sachensucher

Dem Weg folgen

Die Indianerkinder Klein Adlerauge und Bunte Feder streifen gerne durch Wiesen und Wälder. Sie suchen nach Wegen und interessanten Spuren und finden oft geheimnisvolle Schätze.

Auf einem weichen Waldweg oder einem Wiesenstück wird aus vielen glatten Kieselsteinen ein langer, verschlungener Weg ausgelegt. Dann gehen die Kinder paarweise los. Ein Kind schließt seine Augen. Mit nackten Füßen macht es sich wie die Indianerkinder auf den Weg. Nur mit den Füßen versucht es, den Wegverlauf zu ertasten und dem Weg bis zum Ende zu folgen. Sein Partner kann ihm die Hand reichen und ihm an schwierigen Wegabschnitten Hilfestellung geben. Dann werden die Rollen gewechselt.

Labyrinthe

Man braucht:

- Stöckchen oder Steine
- Sand
- Fähnchen
- Schneckenhaus

In den Sand ein Labyrinth aus Steinen oder Stöckchen legen. Wer findet am schnellsten den Weg aus dem Labyrinth hinaus? Man kann dabei die Zeit stoppen.

Indianer aus Kork

Man braucht:

- Flaschenkorken
- Zahnstocher oder Sreichhölzer
- etwas Schnur
- Filzstifte
- Filz
- Klebstoff
- Messer

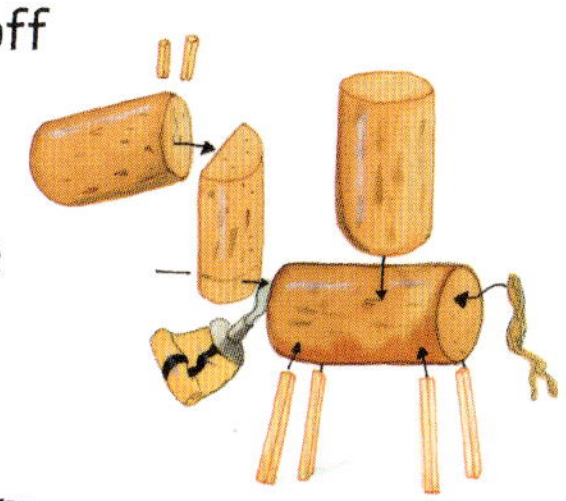

Zuerst mit dem Messer einen Korken der Länge nach durchschneiden. Ansonsten die Korken so zusammenkleben, wie es auf der Zeichnung zu sehen ist. Ein Indianer besteht jeweils aus einem ganzen Korken und wird mit Filz beklebt.

Sachensucher

Auf einem Tisch oder auf dem Boden werden verschiedene Naturmaterialien verteilt: weiches Moos, spitze und runde Steine, Nadeln, Laub, Äste, Zapfen, Kastanien, Bucheckern, Eicheln, Erlenzapfen usw. Zwischen die Naturmaterialien werden außerdem kleine Gegenstände gelegt, die in der Natur nicht vorkommen, etwa ein Baustein, ein kleines Auto, ein Radiergummi, ein Stift, ein Gummiball, ein Korken. Ein großes Tuch wird über die Materialien gelegt. Nun versucht ein Sachensucher, nur mit seinen Händen die kleinen naturfremden Gegenstände zu erspüren. Wer etwas gefunden hat rät, was es sein könnte. Wenn drei Gegenstände gefunden und erraten sind, ist der nächste Sachensucher an der Reihe.

Überall sind Farben

Farbenlied

(Melodie: Grün, grün, grün sind alle meine Kleider)
Im Lied entdecken und benennen die Kinder die verschiedenen Farben, denen sie Tag für Tag begegnen. Zu den einzelnen Strophen tanzen die Kinder mit Tüchern oder Luftballons der entsprechenden Farben im Kreis herum.

1. Rot, rot, rot sind Erdbeeren im Garten,
rot, rot, rot die Kirschen auf dem Baum,
rot meine Sandalen mit ihren tollen Schnallen,
rot, rot, rot ist das, was mir gefällt.

2. Blau, blau, blau strahlt der Sommerhimmel,
blau, blau, blau leuchtet auch das Meer,
blau ist meine Mütze, schützt mich vor der Hitze,
blau, blau, blau ist das, was mir gefällt.

3. Gelb, gelb, gelb scheint die Frühlingssonne,
gelb, gelb, gelb der Löwenzahn im Gras.
Gelb ist meine Schippe, mein Eimer und die Wippe,
gelb, gelb, gelb ist das, was mir gefällt.

4. Grün, grün, grün die Blätter an den Bäumen,
grün, grün, grün springt ein Frosch durchs Gras,
grün sind auch die Wälder, die Wiesen und die Felder,
grün, grün, grün ist das, was mir gefällt.

5. Braun, braun, braun ist das Fell der Hasen,
braun, braun, braun die Rinde an dem Baum.
Braun die Schokolade, die ich so gerne habe,
braun, braun, braun ist das, was mir gefällt.

6. Schwarz, schwarz, schwarz ist der Schornsteinfeger,
schwarz, schwarz, schwarz ist die dunkle Nacht,
schwarz die Rabenkrähe, die ich am Himmel sehe,
schwarz, schwarz, schwarz ist das, was mir gefällt.

7. Bunt, bunt, bunt gehen wir durchs Leben,
bunt, bunt, bunt sehen wir die Welt.
Bunt sind viele Sachen, die uns Freude machen,
bunt, ganz bunt ist das, was uns gefällt.

(Annemarie Stollenwerk)

Bunter Kartonkopf

Man braucht:

- Pappkarton, der über den Kopf passt
- Farben
- Buntpapier
- Papierschlangen
- Klebstoff
- Wattekugeln

Den Karton mit Luftlöchern versehen und anmalen. Nase aus Buntpapier, Augen aus Wattekugeln und Haare aus Papierschlangen ankleben. Einen Umhang umhängen, den Kopf aufsetzen und zu dem Lied tanzen.

Farbtöne

Hüpfekästchen

Beim Hüpfen entdecken Reni Rot, Gundi Gelb und Bibo Blau, dass ihre Farben unterschiedlich klingen. Gemeinsam haben sie sich ein klingendes Hüpfekästchenspiel ausgedacht.

Auf den Boden zeichnen die Kinder mit Kreide ein Hüpfekästchen auf. Die einzelnen Felder malen sie abwechselnd mit den drei Grundfarben Rot, Gelb und Blau aus. Einige Felder sind mit zwei Farben ausgemalt. Dann beginnt das Hüpfen. Springen die Kinder in ein rotes Feld, rufen sie „pling!“, springen sie in ein gelbes, rufen sie „dong!“, in einem blauen rufen sie „tröööt!“. In den bunt ausgemalten Kästchen rufen die Kinder den Farben entsprechend z.B. „pling-tröööt!“. Schwieriger wird das Spiel, wenn die Kinder noch Felder in anderen Farben aufmalen und sich weitere Töne und Geräusche dazu ausdenken.

Misch-Männchen

Man braucht:
- leere Haushaltsrollen
- Wattekugeln
- Farben, Pinsel, Deckweiß
- Buntpapier

Die Haushaltsrollen werden so angemalt, dass man oben mit der intensiven Grundfarbe, z.B. Rot beginnt. Nach und nach wird die Farbe mit immer mehr Deckweiß aufgehellt, bis am Ende der Rolle nur noch ein helles Rosa zu sehen ist. Mit den anderen beiden Farben macht man es genauso. Dann bekommt jedes Männchen einen Wattekugelkopf und einen gefalteten Papierhut in der entsprechenden Farbe.

Farben mischen

Die Farbenfreunde Reni Rot, Gundi Gelb und Bibo Blau lieben es, Farben zu mischen und immer neue Farbtöne zu entdecken.

Die Kinder probieren zunächst mit Farbkasten, Pinsel und Deckweiß aus, wie sie Farben heller und dunkler machen können:

- aus Rot und Weiß wird ein helles, sanftes Rosa,
- aus Blau und Weiß wird Himmelblau,
- aus Blau und Schwarz wird ein dunkles Nachtblau,
- aus Blau und Grün wird Türkis,
- aus Gelb und Braun wird ein Olivton.

Dann werden immer zwei Farben miteinander gemischt, doch vorher raten die Kinder, welcher neue Farbton wohl entstehen wird.

Mischlinge

Man braucht:
- Holzwäscheklammern mit Kopf
- Farben und Pinsel
- weißes Papier
- Schere, Klebstoff

Ein Stück Papier in der Mitte falten und wieder aufklappen. Auf jede Hälfte neben dem Knick eine Farbe tropfen, z.B. auf die eine Seite Rot, auf die andere Gelb. Das Papier an dem Knick mit der Farbe nach innen falten und zusammendrücken, damit sich die Farben in der Mitte mischen können. Wieder aufklappen und trocknen lassen. Wäscheklammern anmalen, getrocknete Formen ausschneiden und in die Klammern kleben.

Farbenhäuser

Die vier Farbenhäuser

Es waren einmal vier Häuser – das rote Haus, das blaue Haus, das gelbe Haus und das grüne Haus. Sie standen alle nebeneinander im Farbenwald. Doch niemand wollte mehr in ihnen wohnen. Das rote Haus war den Menschen zu wild, das blaue Haus zu kalt, das gelbe Haus zu warm und das grüne Haus zu sumpfig. Eines Tages wanderte ein neugieriges Kind durch den Wald. Es sah das verlassene rote Haus und ging hinein. Es tanzte einen wilden Indianertanz und begann zu schwitzen. Schnell lief es nach nebenan ins blaue Haus, um sich abzukühlen. Als es dem Kind zu kalt wurde, lief es ins gelbe Haus und wärmte sich am sonnigen Gelb. Im grünen Haus öffnete es alle Fenster und Türen und es wuchsen grüne Efeuranken, Moos, Gräser und sogar rote Rosen ins grüne Haus hinein. „Hier ist es schön, ich bleibe!", beschloss das Kind. Von nun an lebte es jeden Tag nach Lust und Laune in einem der vier Farbenhäuser.

(Regina Bestle-Körfer)

Mooshaus

Man braucht:
- Stöckchen und Zweige
- Moos
- Blätter
- Bindfaden
- Gräser

Direkt in der Natur kann man so ein grünes Mooshaus bauen. Zunächst sammelt man Zweige und baut daraus ein Gerüst. Damit das Gerüst gut hält, die Zweige mit Bindfäden verbinden. Dann das Haus mit Gräsern, Moos und Blättern bedecken. Rote Hagebutten sind eine Komplementärfarbe und können im Spiel die Bewohner des Hauses sein.

Farben fühlen

- Die Kinder bemalen große begehbare Kartons von innen mit jeweils einer Farbe. Sie schneiden Fenster in die Kartons und bekleben die Fensteröffnungen mit Transparentpapier in der gleichen Farbe. Wenn sie die Farbenhäuser betreten, stellt sich ein bestimmtes Farbgefühl ein: Rot ist eine anregende und lebendige Farbe, Blau ist eine kühle und erfrischende Farbe, Gelb ist eine helle, fröhlich stimmende Farbe, Grün beruhigt und ist eine Farbe des Wachsens und der Natur.
- Welche Farbwirkungen empfinden die Kinder in weiteren Farbenhäusern?
- Mit den Farbenhäusern können die Kinder auch experimentieren: Sie legen in jedes Farbenhaus einen Gegenstand in der gleichen Farbe, z.B. eine gelbe Sonne ins gelbe Haus, einen grünen Frosch ins grüne Haus usw. Sie experimentieren mit Gegenständen in der entsprechenden Komplementärfarbe, z.B. ein blauer Tisch im gelben Haus, eine rote Rose im grünen Haus usw.

Buntes Haus

Man braucht:
- Eierpappe
- Pappe
- Wattekugeln
- Farben und Pinsel
- Schere
- Klebstoff

Die Eierpappe in vier Flächen aufteilen und rot, grün, gelb sowie blau anmalen. Der Eierpappe ein rot bemaltes Dach ankleben. Zum Spielen das Haus schräg aufstellen. Mit roten, grünen, gelben oder blauen Wattekugeln versucht man nun, die entsprechenden Farbfelder zu treffen. Wer ein falsches Farbfeld trifft, bekommt Punkte abgezogen. Wer hat nach vier Runden die meisten Punkte?

Bunte Pinselspiele

Mitmach-Mal-Geschichten

Die Kinder sitzen mit einem Partnerkind vor einem großen weißen Blatt Papier. Jedes hat einen Pinsel, einen Farbkasten und einen Wasserbecher und lauscht den Pinselgeschichten. Mit verteilten Rollen malen die Kinder, was sie hören, fühlen und erleben.

Flecki, der Farbklecks, und Pinselchen, der Farbenpinsel, sind Freunde. Sie leben zusammen in einem Farbkasten und spielen am liebsten lustige Pinselspiele.

- Heute springt Pinselchen zuerst in den Wasserbecher und sofort in die rote Farbe hinein. Er hüpft mit seiner Pinselborste viele rote Punkte auf ein weißes Blatt Papier. Nun hüpft Flecki ins Grün hinein und saust mit grüner Farbe zwischen den roten Punkten hindurch. Das Bild wird lebendig: Viele Marienkäfer krabbeln über eine grüne Wiese.

Filtertüten-Flecki

Man braucht:

- Kaffeefiltertüten
- Bindfaden
- Buntpapier
- Pinsel und Farben
- Holzperlen
- Klebstoff

Die Filtertüten auf einen saugstarken Untergrund legen und mit Wasser bestreichen. Dann mit verschiedenen Farben darüber klecksen, bis ein schönes Muster entsteht. Die Tüten trocknen lassen, eine Holzperle auf einen Bindfaden fädeln und die Fadenenden durch die Tüte stecken. Unterhalb des Kopfes einen zweiten Faden anknoten. An alle Fadenenden Holzperlen knoten. Den Fleckis noch Gesichter aufmalen und Hüte aus Buntpapier ankleben.

- Flecki tapst in den gelben Farbtopf hinein und hinterlässt einen großen gelben Farbklecks auf dem Papier als Sonne. Pinselchen sieht eine dunkle Regenwolke am Himmel vorüberziehen und malt dunkelblaue Wolken neben Fleckis Sonne. Da fällt ein Regentropfen auf Fleckis Nase. Das Bild wird lebendig: Pinselchen tupft blaue Tropfen, die aus den Wolken auf die Erde fallen. Flecki zaubert dazwischen gelbe Sonnenstrahlen. Das grüne Gras freut sich über die Sonne und den Regen. Flecki und Pinselchen vermischen Gelb und Blau zu einem grünen Dschungelbild.

- Pinselchen und Flecki streiten über die Farben. Pinselchen glaubt, Rot ist die stärkste aller Farben und malt Rot. Flecki findet aber Sonnengelb viel stärker und springt auf Pinselchens Rot. Sie kämpfen zusammen, da werden sie Orange. Jetzt glaubt Pinselchen doch eher an starkes Dschungelgrün und übermalt das Orange. Flecki saust hinterher mit Blau. Das Bild wird lebendig: Ein matschbrauner Bär kommt aus seiner Erdhöhle gekrabbelt und sagt: „Braun ist die stärkste aller Farben, weil ich ein Braunbär bin! Jawohl!"

Bären-Bild

Man braucht:
- Pappe
- Farben und Pinsel
- Schere
- Pappbecher

Aus Grün, Orange und Blau wird ein matschiges Bärenbraun. Diese drei Farben in einem Pappbecher mischen und mit kreisenden Pinselbewegungen auf den Pappuntergrund malen. Später noch einen Untergrund um den Bären herummalen und einen „Bilderrahmen" mit bunten Tupfen. Nach dem Trocknen das Bild rings um den Rahmen herum ausschneiden.

Prinzessin Violetta

Wer hat meinen Hut gesehen?

Prinzessin Violetta hat eine Lieblingsfarbe: Lila. Alles in ihrem Schloss ist lila. In den Schränken hängen lila Kleider, Röcke, Hosen und auch Schuhe und Strümpfe sind lila. Das Lila leuchtet noch mal so schön, wenn Violetta einen zitronengelben Hut anzieht. Doch den kann sie heute einfach nicht finden. Gemeinsam mit ihrer Hofdame Lavendula macht sie sich auf die Suche.

Auf weiße quadratische Kärtchen malen die Kinder lila Gegenstände aus Violettas Haus. Jeder Gegenstand wird doppelt aufgemalt, z.B. Socken, Tasse, Seife, Buch, Löffel, Kleid, Ball. Auf ein Kartenpärchen wird Violettas zitronengelber Hut aufgemalt. Dann werden alle Kärtchen umgedreht und gemischt. Das Memory kann beginnen. Abwechselnd decken die Kinder Kartenpärchen auf. Wer findet die beiden Zitronenhüte?

Prinzessin Violetta

Man braucht:

- 1 leere Haushaltsrolle
- Pfeifenreiniger
- 1 gelbe Blüte
- lila Krepppapier
- Stifte
- 3 Wattekugeln

Die Haushaltsrolle mit dem Krepppapier umwickeln, dabei das Papier unten etwas auseinanderziehen. Oben an die Rolle eine bemalte Wattekugel als Kopf kleben, lila Wollhaare ankleben. Pfeifenreiniger oben um die Rolle wickeln, zwei kleine Kugeln auf die Enden stecken. Eine gelbe Blüte als Hut auf den Kopf setzen.

Zauberbeutel

Jeden Tag kommen viele Kinder zum Schloss und schauen in den herrlichen Garten. Doch nur, wer Violetta etwas Lilafarbenes schenkt, für den öffnet sich das große Schlosstor.

Auf einem Stuhl sitzt ein Kind, es ist Violetta. Drei weitere Kinder stellen sich hinter einer Startlinie auf. Auf den Boden werden für jedes der drei Kinder hintereinander fünf Kästchen aufgezeichnet. Dann kann es losgehen. In einem Stoffbeutel stecken fünf lilafarbene und fünf weiße Murmeln. Immer abwechselnd greifen die Kinder mit geschlossenen Augen in den Beutel und ziehen eine Murmel heraus. Ist sie lila, darf das entsprechende Kind ein Kästchen nach vorne hüpfen. Wer ist als Erstes bei Violetta angelangt und schenkt ihr den lila Schatz?

Lila Schloss

Man braucht:
- Pappe
- Farben
- 2 Haushaltsrollen
- Krepppapier
- Cutter
- Buntpapier

In ein rechteckiges Stück Pappe ein Tor schneiden, das sich öffnen lässt. Zu beiden Seiten des Tores je eine Rolle kleben. Aus Krepppapier Turmspitzen formen und oben an die Rollen kleben. Das ganze Schloss bemalen und Fenster aus gelbem Buntpapier ankleben.

Susi Sonnengelb

Die Sonne geht auf

Susi Sonnengelb ist eine kleine Elfe. Sie wohnt in einer sonnengelben Löwenzahnblüte auf der Wiese. Susi liebt die warmen, leuchtenden Sonnenstrahlen und würde so gerne einmal zur Sonne reisen. In der Nacht träumt sie, dass die Sonne vom Himmel kommt und sie einlädt, am nächsten Morgen mit ihr aufzugehen.

Die Kinder stellen sich am Fuß einer Treppe auf. Nacheinander würfeln sie mit einem Farbenwürfel. Zeigt der Würfel Sonnengelb an, steigt das jeweilige Kind eine Stufe hinauf und bleibt dort stehen, bis es wieder Gelb würfelt. Am Ende der Stufen liegt ein gelbes Tuch – die Sonne. Wer zuerst oben angekommen ist, schwenkt das Tuch hin und her und lässt so die Sonne aufgehen.

Die Fee Susi

Man braucht:

- gelbe Strohseide
- gelbes Transparentpapier
- 1 Holzstäbchen
- 1 Wattekugel
- etwas Engelshaar
- Faden

Aus der Strohseide ein Kleid formen, indem man das Papier an der oberen Kante zusammendreht. Einen Faden oder einen Klebestreifen herumwickeln. Die Wattekugel auf ein Holzstäbchen und das Holzstäbchen in das Kleid stecken. Engelshaar an den Kopf kleben. Aus gelbem Transparentpapier Flügel formen und hinten an das Kleid kleben.

Sonnenflecken

Susi Sonnengelb liegt zwischen den dicken gelben Löwenzahnblüten und blinzelt vergnügt ins Sonnenlicht. Da hat sie eine Idee: Sie möchte Sonnenflecken sammeln und so das warme Licht der Sonnenstrahlen einfangen.

Die Kinder suchen sich im lichten Schatten von Bäumen und Sträuchern ein gemütliches Plätzchen. Vor ihnen liegt ein Bogen weißes Papier. Damit versuchen sie nun die „Lichtflecken", die die Sonnen durch die Blätter auf den Boden wirft, aufzufangen. Die Kinder beobachten, welche Formen und Muster die Sonne aufs Papier zaubert und malen sie mit einem dicken gelben Stift nach.

Blütensonne

Man braucht:
- weißes Malpapier
- blaue Farbe und Pinsel
- Blüten
- Klebstoff

Den Bogen Papier mit blauer Farbe anmalen und trocknen lassen. Aus vielen gelben Blüten eine Sonne auf das Papier kleben. Zwei Gänseblümchen als Augen und eine rote Blüte als Mund in die Sonne kleben.

Der Drache Feuerrot

Rätsel

Kennst du den Drachen Feuerrot? Der Drache Feuerrot ist eigentlich ein sanfter Drache, harmlos und freundlich. Aber das glaubt ihm niemand, weil er immer so ein riesig rotes Feuer aus seinem Rachen spuckt. Das ist heiß und sieht gefährlich aus. Das soll es auch, findet der Drache Feuerrot im Geheimen, denn er mag es, wenn er angeschaut und bewundert wird. Verbrannt hat er aber noch niemanden. Auf seine Feuerflamme passt er immer gut auf.

Eines Tages gab es ein Gewitter mit Blitz und Donnerschlag. Der Donnerknall war so laut, dass der Drache Feuerrot einen großen Schreck bekam. Er zitterte vom Kopf bis hinab zum kleinen Drachenzeh und seine lederne, rote Drachenhaut wurde immer blasser und blasser – bis er plötzlich ein weißer Drache war. „Was für ein Unglück", jammerte der Drache Feuerrot. Traurig verkroch er sich in seine Drachenhöhle. Und weil ihm vor lauter Schreck auch noch die Drachenspucke vertrocknet war, konnte er kein Feuer mehr spucken. Sieben Wochen kam er nicht mehr aus seiner Höhle heraus.

Doch eines Morgens kroch das Drachenmädchen Sonnenschein in seine Höhle hinein. „Guten Morgen", begrüßte es den Drachen Feuerrot und hauchte ihm einen sonnengelben Feuerschein ins weiße Drachengesicht. Dem traurigen Drachen wurde so warm, dass er vor Freude einen Luftsprung machte. Er nahm das Drachenmädchen an die Hand und sie hüpften wild umher, bis der Drache Feuerrot husten musste. Sein Drachenmaul öffnete sich und was war das …? Er spuckte einen mächtigen Feuerstrahl aus seinem Rachen! Darüber

war er so glücklich, dass er bis zum Abend lachte. Vor lauter Lachen und Springen wurde er rot im Gesicht und immer roter, bis die ganze Drachenhaut rot leuchtete wie früher. „Die Liebe ist rot", sagte das Drachenmädchen Sonnenschein und streichelte seine feuerrote Drachenhaut. Kennst du das Ende der Geschichte? Es kam so: Der Drache Feuerrot und das Drachenmädchen Sonnenschein heirateten und bekamen ein wunderschönes Drachenkind. Rate mal, welche Farbe es hatte? (Orange)

(Regina Bestle-Körfer)

Drache Feuerrot

Man braucht:
- Klorolle
- Schere
- Buntpapier in Rottönen und Gelb
- Klebstoff

Aus Buntpapier einen Drachenkopf und einen Schwanz ausschneiden und an die Klorolle kleben. Rotes Papier in viele Schnipsel reißen und dann wie Schuppen an die Rolle kleben. Aus gelbem Papier einen Feuerstrahl in das Drachenmaul kleben.

Hieronymus Himmelblau

Farben klauen

Der Himmelsmaler Hieronymus Himmelblau streicht Tag für Tag mit seinen dicken Pinseln den Himmel an. Aber heute ist auch die Gewitterhexe schon wach. Sie will die Farbtöpfe stehlen und den Himmel mit einem grässlichen Grau anmalen.

Die Kinder bilden zwei Gruppen. Auf dem Boden werden zwei Linien im Abstand von zwei bis drei Metern markiert. Hinter diesen Linien stellen sich die Gruppen einander gegenüber auf. In der Mitte stehen zwei Stühle, Lehne an Lehne. Unter sie werden, ineinander verdreht, ein blaues und ein graues Tuch gelegt. Auf „Los!“ rennen die ersten beiden Kinder jeder Mannschaft zum Stuhl, setzen sich darauf und versuchen, eines der Tücher auf ihre Seite zu ziehen. Wer das blaue Tuch ergattert, gehört zu den Himmelblauen, wer ein graues Tuch herauszieht, gehört zu den Gewitterhexen.

Wettlauf zwischen Grau und Blau

Man braucht:
- 2 Korken
- 2 Zahnstocher
- 2 Wattekugeln
- Filzreste
- Pappe
- Buntpapier
- Watte
- Würfel

Die Wattekugeln mit den Zahnstochern in die Korken stecken, bemalen und mit Filzresten bekleben. Ein Korken wird die Gewitterhexe, der andere Hieronymus. Er bekommt einen spitzen Hut und einen Wattebart. Auf eine Pappfläche die gleiche Anzahl blaue und graue Kreise malen. Dann mit den beiden Figuren auf den Kreisen einen Wettlauf veranstalten. Dazu die gewürfelte Zahl auf den Kreisen vorrücken.

Himmelsschaukel und Hexenkessel

Die Himmelblauen dürfen auf der Himmelsschaukel Platz nehmen: Sie werden auf einem Bettlaken sanft geschaukelt. Dazu sprechen die Kinder:

Die Himmelsschaukel ist bequem,
das Himmelsblau ist gut zu sehn,
mit sanftem Schwung gehts hin und her,
ach, wenns doch nie zu Ende wär!

Die Gewitterhexen kommen in den Hexenkessel: Sie werden auf dem Bettlaken kräftig durchgeschüttelt. Dazu sprechen die Kinder:

Hexenkessel, Hexenkessel,
bist kein bequemer Ruhesessel,
hin und her geschüttelt
und 13 Mal gerüttelt! (gemeinsam bis 13 zählen)

Himmelsschaukel

Man braucht:

- kleinen Karton
- weiße Pappe
- Bindfaden
- Schere

Aus der weißen Pappe zwei gleiche Entenformen ausschneiden. Einen kleinen Karton weiß anmalen und zwischen die Enten kleben. Durch jede Ente einen Bindfaden ziehen. Die Schaukel in einem Baum aufhängen und Spielfiguren darin in den Himmel schaukeln lassen.

Ein Ausflug ins Grüne

Frosch-Hüpfspiel

Die Kinder sammeln große grüne Blätter oder schneiden grüne Kartonkreise aus, die auf dem Boden verteilt werden. Unter einem Blatt wird heimlich die Abbildung von einem weißen Storch versteckt. Dann beginnen die Kinder wie die Frösche von Blatt zu Blatt zu hüpfen und sagen dabei folgendes Gedicht auf:

Wer singt und quakt im Sonnenschein?
Es kann der grüne Frosch nur sein!
Er hüpft flott ins tiefe Moor,
kommt ein weißer Storch hervor!

Beim Wort „Moor“ bleiben alle auf dem grünen Blatt stehen und schauen nach, ob sich unter ihrem Blatt der weiße Storch befindet. Wer den Storch findet, scheidet aus. Welches Kind bleibt bis zum Schluss übrig?

Frosch und Storch

Man braucht:
- Wäscheklammer
- Zeichenkarton
- Moosgummi
- Walnuss
- Klebstoff
- Farben

Für den Frosch einen Körper aus Moosgummi oder Buntpapier ausschneiden. Eine Walnuss vorsichtig knacken, eine Schalenhälfte grün anmalen und auf das Moosgummi kleben. Auf den Zeichenkarton einen Storch malen. Eine Wäscheklammer rot anmalen und den Storchenkörper darin festklammern.

Rätsel

Grün ist die Farbe der Natur. Draußen im Grünen finden Menschen Ruhe und Erholung. Für diese Entspannungsgeschichte liegen die Kinder bequem auf einer Decke und schließen die Augen. Zu einer ruhigen Musik lauschen sie dem grünen Entspannungsrätsel:

Du bist grün und weich. Du wächst in der Erde. Deine kleinen Wurzeln haben Durst. Sie freuen sich über eine Regendusche. Dann leuchtest du saftig grün. Viele kleine Blumen wachsen auf dir – weiße Gänseblümchen, gelber Löwenzahn, rosaroter Klee, manchmal auch roter Klatschmohn und weiße Margeriten. Du lockst viele kleine Tiere an. Bienen, Hummeln, Käfer, Schmetterlinge und Grashüpfer besuchen dich gerne. Kühe, Pferde, Ziegen und Schafe mögen dich und knabbern an dir. Du bist ein wunderbarer Platz zum Träumen und Spielen. Deine Halme kitzeln unter den nackten Füßen. Du duftest nach Sommer! Grünes Rätsel, was bist du? (Eine Wiese)

Blätterstempel-Bilder

Man braucht: • Blätter • Farben • festes Papier

Die Blätter mit Farbe bestreichen und mit der farbigen Seite fest auf ein Blatt Papier drücken. Trocknen lassen und wie bei diesem Vogel noch Beine dazumalen.

Die Hexe Rabenschwarz

Schattentheater

Als Schattentheater mit einfachen Stabpuppen kann die folgende Geschichte von den Kindern erzählt und aufgeführt werden.

Die Hexe Rabenschwarz war eine böse Hexe. Sie hexte immer alles schwarz: schwarze Katzen, schwarze Vögel, schwarzen Tee, schwarzes Brot, schwarzen Pfeffer und sogar schwarzen Käse. Auch ärgern konnte sie sich schwarz, besonders über alles, was vom Himmel fiel: Der Regen war ihr zu nass, der Wind zu wild, die Sonne zu heiß, der Schnee zu weiß, der Regenbogen zu bunt. Jedes Mal, wenn ein Regenbogen am Himmel leuchtete, schrie sie: „Krötenbein und Mauseloch, die bunten Farben krieg ich noch!“ Das war ihr größter Wunsch. Sie wollte den Regenbogen vernichten. Doch das war nicht einfach, denn die Engel verschlossen die Himmelsfarben sehr sorgfältig. Eines Nachts, bei Wind und

Schattenhexe

Man braucht:
- schwarzen Tonkarton
- 2 Holzstäbe
- Briefklammer
- Blumendraht
- Schere
- weißen Stift

Die Hexe auf das Tonpapier aufzeichnen und ausschneiden. Der Arm, der sich bewegen soll, wird extra aufgemalt und ausgeschnitten. Aus Tonpapier Luftballons ausschneiden, an Blumendraht kleben und der Hexe hinter den beweglichen Arm kleben. Den Arm mit einer Briefklammer befestigen. Einen Holzstab hinter die Hexe, den anderen hinter den Arm kleben. Mit dem Stab den Arm der Hexe auf und ab bewegen.

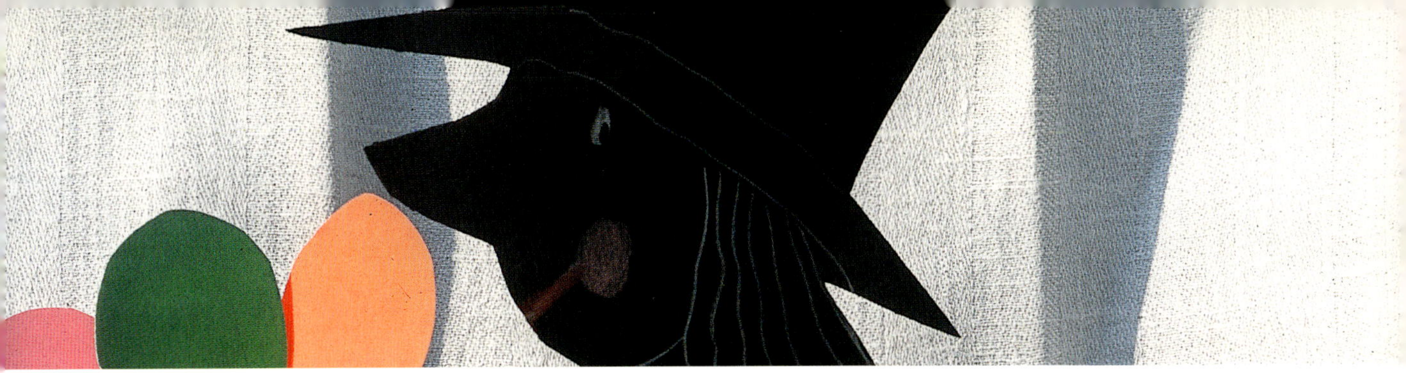

Sturm, war die Hexe Rabenschwarz auf ihrem Besen zum Himmel geritten und lag hinter einer schwarzen Gewitterwolke auf der Lauer. Was war das? Der goldene Himmelsschlüssel steckte unbewacht im Himmelsschloss? Die Engel hatten den Schlüssel vergessen und schliefen bereits tief und fest. Die Hexe lachte: „Krötenbein und Mauseloch, die bunten Farben krieg ich doch!“ Im lauten Donnergrollen hörte niemand, wie sich die Hexe ins Himmelsschloss schlich. Tatsächlich, da stand die goldene Truhe mit den himmlischen Farben.

Die Hexe Rabenschwarz packte den Farbkasten, ließ ihn in ihrer Schürze verschwinden und wie der Blitz sauste sie hinab zur Erde. Am nächsten Morgen, als die Engel die leere Truhe entdeckten, eilten sie zum Wolkenmaler Wassily und berichteten, was geschehen war. Das konnte nur die Hexe Rabenschwarz gewesen sein. Wassily rief mit tiefer Stimme: „Weiß ist unsere Rettung! Die Hexe Rabenschwarz hat Angst davor!“ Und so geschah es, dass es mitten im Sommer schneite. Vom Hexenhaus schaute nur noch der Kamin heraus. Die Hexe Rabenschwarz verkroch sich heulend im Schrank, wo es schwarz und dunkel war. So flogen die Engel ohne Gefahr ins Hexenhaus, befreiten alle Farben und trugen sie zurück zum Schloss. Mit ihrem Freund Wassily malten sie einen Regenbogen an den Himmel, wie ihn zuvor noch niemand gesehen hatte.

(Regina Bestle-Körfer)

Die Autorinnen

Regina Bestle-Körfer ist Autorin und Redakteurin. Die Diplom-Sozialpädagogin arbeitet zudem als Kinderyogatrainerin sowie als Referentin an Grundschulen und Weiterbildungseinrichtungen zu den Themen: Grundprinzipien des Lernens, Grundlagen einer sicheren Bindung, Entspannung und Konzentration, Ästhetische Bildung.

Sabine Lohf ist Fotografin, Autorin und Illustratorin. Lange Jahre Grafikerin und leitende Redakteurin der Zeitschrift spielen & lernen. Viele erfolgreiche Buchveröffentlichungen.
Schwerpunktthemen: Kreatives Gestalten, Sehen lernen, Natur immer wieder neu entdecken, Erfahrungen mit allen Sinnen machen.
www.sabine-lohf.de

Annemarie Stollenwerk ist Diplom-Sozialpädagogin und Autorin. Sie gestaltet Aktionstage und Projekte in der Natur (Kunst)- und Waldpädagogik.

Teile dieses Buches sind vormals in der Reihe »FantasieWerkstatt« des Christophorus-Verlages erschienen.

FSC
www.fsc.org
MIX
Papier aus verantwortungsvollen Quellen
FSC® C011124

Verlagsgruppe Random House FSC-DEU-0100
für dieses Buch verwendete FSC®-zertifizierte *Papier Hello Fat Matt 1,1* liefert Condat, Le Lardin Saint-Lazare, Frankreich.

Druck und Bindung: Mohn media, Gütersloh
Umschlag: fuchs_design, München
Umschlagmotive: Junge:
Getty Images/Paul Viant
Alle weiteren Motive: Sabine Lohf
Layout und Gesamtproduktion: amadeus prepress, Sabine Lohf
Printed in Germany
ISBN 978-3-466-30942-9

Weitere Informationen zu diesem Buch und unserem gesamten lieferbaren Programm finden Sie unter www.koesel.de